中国财政金融政策研究中心
China Financial Policy Research Center

财政金融支持经济高质量发展书系

银行业高质量发展
——银行竞争与实体经济关系研究

陆利平◎著

中国金融出版社

责任编辑：谢晓敏
责任校对：卓　越
责任印制：陈晓川

图书在版编目（CIP）数据

银行业高质量发展：银行竞争与实体经济关系研究 / 陆利平著．—北京：中国金融出版社，2025．4．（财政金融支持经济高质量发展书系）．—ISBN 978-7-5220-2468-4

Ⅰ．F832.33；F124

中国国家版本馆 CIP 数据核字第 2024L4T867 号

银行业高质量发展：银行竞争与实体经济关系研究
YINHANGYE GAOZHILIANG FAZHAN：YINHANG JINGZHENG YU SHITI JINGJI GUANXI YANJIU

出版发行　中国金融出版社
社址　北京市丰台区益泽路 2 号
市场开发部　(010)66024766，63805472，63439533（传真）
网上书店　www.cfph.cn
　　　　(010)66024766，63372837（传真）
读者服务部　(010)66070833，62568380
邮编　100071
经销　新华书店
印刷　北京七彩京通数码快印有限公司
尺寸　169 毫米×239 毫米
印张　7.5
字数　124 千
版次　2025 年 4 月第 1 版
印次　2025 年 4 月第 1 次印刷
定价　30.00 元
ISBN 978-7-5220-2468-4

序　言

本人自2009年读博士期间开始研究我国银行业竞争，至今已经撰写过多篇与银行竞争相关的学术文章，本书在此基础上系统论述银行业竞争与实体经济的关系。自2001年加入世界贸易组织（WTO）以来，我国银行业经历了如火如荼的改革，银行业市场竞争程度急剧上升，市场结构逐渐改善，有效地支持了我国实体经济的高质量发展。本书系统论述我国银行业竞争的演变及其对企业融资约束和产业结构的影响，阐释银行竞争对于实体经济的影响，提出对未来相关政策制定的启示意义。本书各章的合作者如下：第1章董红熠、关师育；第2章胡英琦、张海洋、蔡卫星；第3、4章庄太量、Steven Ongena；第5、6章周凡、宫迪。

本书的写作过程中得到了许多人的指导和帮助。感谢马勇教授在本书写作和科研经费申请方面的指导和帮助。感谢中国金融出版社的王君老师和谢晓敏老师的宝贵意见，两位老师的大力帮助，显著改善了本书的整体结构。

本成果受到教育部人文社会科学重点研究基地中国人民大学中国财政金融政策研究中心资金支持。感谢教育部人文社科规划基金项目的资助（项目号：24YJA790039）。

陆利平

人民大学静园

2025年2月5日

目　录

第1章
绪　论

1.1 引言

银行体系是我国金融系统的核心，在企业融资和信贷资源分配等多个方面都发挥着举足轻重的作用。改革开放以来，中国开始推行一系列渐进式金融体制改革，打破了国内金融体系“大一统”的局面。中国政府致力于推动银行市场竞争环境建设，特别是加入世界贸易组织（WTO）和2003年中国银监会成立以来，银行业竞争格局迎来深刻变革，由最初的高度垄断向百花齐放、竞争日趋激烈的方向不断演进。截至2023年底，中国有6家国有大型商业银行、12家股份制商业银行、125家城市商业银行、1 607家农村商业银行，已基本形成以国有大型商业银行为主体，股份制商业银行、城市商业银行和农村商业银行等金融机构共同竞争的新格局。

具体而言，中国银行业竞争格局的演变主要受外资银行进入、四大国有银行改革、城商行异地开设分支行改革以及数字金融的兴起这四个因素影响。

（1）外资银行进入。2001年12月11日，中国成为WTO成员，逐步取消外资银行经营人民币业务的地域限制和人民币业务的客户对象限制，打破了国内银行业市场封闭的竞争格局，给竞争压力小、市场化程度低的中国银行业市场带来了竞争的压力（蔡跃洲和郭梅军，2009）。此后，我国银行业对外开放进程稳步推进。2006年，我国政府颁布了《中华人民共和国外资银行管理条例》及其实施细则，将取消外资银行经营人民币业务的地域和客户限制提升到法律法规等级。2007年至2018年，银监会还陆续放开了外资银行部分业务的行政许可，包括债券承销、托管、财务顾问、银行间市场、境内投资、境外合作等。2019年《中华人民共和国外资银行管理条例实施细则》的修订则是银行业开放的进一步深化。随着外资银行对中国市场的参与程度越来越深，国内银行业竞争环境发生重大变化，银行竞争活力得以提高。

（2）四大国有银行改革。2003年底，党中央和国务院以中国银行、中国建设银行为试点拉开了国有商业银行股份制改革的序幕，并向两家试点银行注资450亿美元外汇储备充实资本金，化解不良贷款。此后，国家于2005年4月向中国工商银行注资150亿美元，又于2008年11月向中国农业银行注资190亿美元以推动其股份制改革。具体来说，四大国有银行股份制改革主要包括三个环节：一是通过外汇注资、资产处置和发行次级债等步骤进行财务重组；二是进行公司治理改革，初步建立现代公司治理机制；三是在成功改制和引进战略投资者的基础上公开发行上市。四大国有银行相继完成股份制改革，最终以 2010 年 7 月中国农业银行上市为标志宣告结束。四大国有银行在股份制改革完成后仍在全国范围内保持主导地位，其财务表现得到极大程度的改善，且在成长性、资本充足率等方面都接近或达到国际先进银行的水平。同时，国有银行建立了以市场为导向的经营机制，大大提高了商业银行竞争力和金融系统的稳定性。

（3）城商行异地开设分支行改革。我国银行业竞争度提升的另一个重要特征是股份制商业银行和城市商业银行这类中小银行的兴起与扩张。2006 年以前，在金融监管的要求下，城商行通常只能在总部所在城市开展业务。2006 年 2 月，银监会颁布了《城市商业银行异地分支机构管理办法》，鼓励城商行设立异地分支机构，正式拉开了城商行扩张的序幕。此后，银监会先后于 2007 年 4 月和 2009 年 4 月出台了《关于允许股份制商业银行在县域设立分支机构有关事项的通知》和《关于中小商业银行分支机构市场准入政策的调整意见（试行）》，大幅放宽了股份制商业银行和中小商业银行分支机构市场准入条件，国有大型银行所占市场份额和垄断势力逐步下降，银行业的市场竞争程度不断上升，我国银行分支机构的空间分布也发生了重大变化。国家金融监督管理总局数据显示，全国范围内银行分支机构总数稳步增长，银行分支机构数量从 2005 年的 104 762 家增加到 2023 年的 221 544 家①，网点覆盖率不断扩大，银行竞争水平和服务经济社会发展的能力明显提升。

（4）数字金融的兴起。随着 2013 年余额宝开张，中国数字金融开始蓬勃兴起。随着大数据处理技术的发展，数字金融以低成本、高效率在支付领域、融资领域及资源配置领域有明显的比较优势（吴晓求，2015），因此必然对中国银行业竞争格局和发展战略产生一定的影响。从竞争的角度看，数字金融对银行布局的影响存在于两方面：一方面，数字金融机构会利用新技术争夺银行的客户与利润，迫使网点业务萎缩而退出市场；另一方面，商业银行本身也在进行积极的数字化转型，可能利用新技术来改进自身的业务模式，并基于他们的实体网点优势拓展新客户，增加业务覆盖范围。网点是商业银行的“门面”，虽然需承担较高的维护和运营成本，但是也可以借此获取客户并获得客

① 数据来源：国家金融监督管理总局金融许可证信息．https：//xkz.cbirc.gov.cn/jr/.

户的信任，这也正是他们的竞争对手（数字金融机构）所缺失的。此外，银行业务本身具有较强的“网络效应”，实体网点可能成为传统银行与第三方支付机构竞争的重要战略资源。张海洋等（2022）研究发现数字金融的发展显著减缓了我国银行业金融机构实体网点扩张的势头，尤其是减缓了股份制银行和城市商业银行的扩张，而且主要影响这两类银行的基层机构；同时，数字金融的发展加快了农村合作金融机构的转型和网点退出，但对传统国有大型商业银行没有显著影响。

1.2 目标与定位

本书研究中国银行业竞争格局的演变，并进一步研究银行业竞争对银行、家庭、企业行为及产业结构等方面的相关影响，从而揭示银行竞争与实体经济的关系。第 2 章聚焦银行业竞争格局的演变，从网点布局与行业结构角度探究数字时代的银行业变迁。第 3 ~5 章分析银行竞争能否缓解企业融资约束，基于国内数据和欧洲数据提供了不同的经验证据。第 6 章关注银行竞争如何影响家庭房贷决策，证明了信息不对称会导致信贷市场的逆向选择。第 7 章讨论了银行竞争对企业避税行为的影响。最后，第 8 ~9 章聚焦银行竞争与产业转型升级，进一步扩展研究视角，展示了银行业竞争格局与经济高质量发展之间的联系。

第2章

数字时代的银行业变迁：网点布局与行业结构

近年来，我国的数字经济发展迅速。习近平总书记在十九届中共中央政治局第三十四次集体学习时指出，数字技术、数字经济可以推动各类资源要素快捷流动、各类市场主体加速融合，帮助市场主体重构组织模式，实现跨界发展，打破时空限制，延伸产业链条，畅通国内外经济循环。数字化革命已经渗入社会经济的方方面面，金融作为现代经济的核心，数字化进程也自然不会落后。移动互联网、云计算、大数据分析等信息技术已被广泛运用到金融领域，并促进了第三方支付公司、互联网银行等数字金融机构快速发展。这些机构不仅拓展了新的金融业务，也会利用新技术开展储蓄、贷款、汇款等传统金融业务，学者们统称为数字金融（黄益平和黄卓，2018）。这是一种既区别于商业银行间接融资，又区别于资本市场直接融资的全新的金融业态（吴晓求，2014；谢平和邹传伟，2012）。

在历史上，金融行业的发展与创新过程通常包括新金融业态的产生、发展以及替代旧金融业态的完整周期（周建波和曾江，2020）。19 世纪，山西等地的票号一度繁荣，满足了商人们异地汇兑的需求。但到了 20 世纪初，随着西方现代银行进入我国并带动本土银行业崛起，票号等传统金融业务模式逐渐式微，并最终走向衰亡。信息技术在历史上这次金融业态剧变的背后起到了巨大的推动作用，Lin 等（2021）发现清末民初我国现代银行业是随着当时较为先进的电报网络逐步完成了网点布局。第三次科技革命之后，信息技术的进步又推动银行业务和模式发生了新变化，出现了自动取款机（ATM）、POS 机等先进的金融服务设备（蔡宁伟，2019）。进入数字经济时代，伴随着数字金融的发展，商业银行也必将再次迎来转型。

经济学家熊彼特认为“创新是创造性破坏”。作为金融科技 2.0 时代的代表，POS 机和 ATM 数量增长在 2015 年之后开始放缓，到了 2018 年其数量达到最大值，此后开始降低。其中的原因只能用网络支付和移动支付的普及来解释：第一，第三方支付机构的支付业务发展异常迅速，2013 年到 2019 年其支付笔数增加了 46 倍，支付金额增加了 26 倍；第二，银行自身网上支付和移动支付业务快速发展，自 2013 年以来商业银行的这两项业务均快速增长，尤其是移动端支付呈现近乎指数级增长的态势。支付业务只是商业银行数字化转型的一个例子。在贷款和存款两项基本业务上，数字金融的投资理财、货币基金等业务与商业银行的存款业务形成竞争，各类网络贷款也在不断蚕食商业银行的贷款业务，商业银行也因此推出各种 APP，推广网上银行、手机银行等在线服务以应对外部竞争。综上所述，商业银行涉及的所有金融业务均已在数字金融快速发展的背景下积极地进行数字化转型，把“线下”业务转移到“线上”。

数字金融作为金融的一种创新模式，和传统金融既有竞争又有合作。从竞争的角度看，数字金融对银行布局的影响存在于两方面：一方面，数字金融机构会利用新技术争夺银行的客户与利润，迫使网点业务萎缩而退出市场；另一方面，商业银行本身也在积极进行数字化转型，可能利用新技术来改进自身的业务模式，并基于他们的实体网点优势拓展新客户，增加业务覆盖范围。网点是商业银行的“门面”，虽然需承担较高的维护和运营成本，但是也可以借此获取客户并获得客户的信任，这也正是他们的竞争对手（数字金融机构）所缺失的。此外，银行业务本身具有较强的“网络效应”，实体网点可能成为传统银行与外部的数字金融机构竞争的重要战略资源。

数字金融与传统金融也并不是完全的竞争关系，两者之间的互补特征也十分明显。一方面，数字金融的主要服务依然建立在银行账户基础之上，因此传统银行的服务，尤其是开设银行账户和账户接入服务也是数字金融的重要“基础设施”。另一方面，数字金融利用其流量、数据、技术优势帮助传统金融降低获客、风险控制、催收等方面的成本，并可能需要依靠传统金融的品牌和网点服务合作共赢。因此，数字金融发展对银行业的影响并不明朗，需要开展准确的定量研究。

自工业革命以来，世界历次重大技术变革都对金融业务产生了不容忽视的影响，从电报、电话到计算机、互联网，莫不带来金融业态的改变。如今，伴随着移动互联网日益普及，金融机构的信息化水平和数据分析能力都在持续提高，数字金融快速发展会对银行业产生怎样的影响？现有的文献没有给出答案，本章以银行业网点布局和行业结构为切入点开展研究，回答了上述问题，这是本章的理论贡献所在。本章的研究也有一定的现实意义，在我国的“银行主导型”金融体系中，银行业金融机构提供的金融服务占主体地位，维护银行体系的健康运营，既是金融稳定的需要，也是实体经济“六保”“六稳”的需要。在数字金融快速发展的今天，准确衡量银行业可能受到的冲击并厘清其作用机制，可以为金融政策提供重要参考。

2.1 数字时代银行业变迁的文献

现代金融理论中，一般认为金融最为关键的两大功能是支付结算和资源配置。在我国以商业银行为主的间接金融体系中，这两大功能传统上主要由商业银行承担。随着大数据处理技术的发展，数字金融以低成本、高效率在支付领域、融资领域及资源配置领域有明显的比较优势（吴晓求，2015），因此必然对传统金融的功能、模式、布局和发展战略产生一定的影响。

2.1.1 数字金融与传统金融的关系

数字金融对传统金融的冲击早已体现，以金融领域重要的科技发明——ATM 为例，在我国 ATM 保有量超越美国成为全球第一之后仅 2 年，ATM 的核心功能就因智能手机的普及和第三方支付的兴起而失去了固有的价值（蔡宁伟，2019）。数字金融的核心特征体现在两方面：一方面利用信息技术替代传统金融中介必需的实体网点和人力投入（谢平等，2015；余明桂等，2022），将人力成本等可变成本转化为对机器设备投资的固定成本，从而降低成本支出（Clemons and Row，1992；Radecki et al.，1997）；另一方面利用网络效应和边际成本优势，数字金融拓展了交易的可能性集合，扩大了服务对象，通过在收集大数据方面的比较优势实现价格歧视并提高收入（Carl and Varian，1998）。尤其在提高收入方面，数字金融突破了时间和空间的限制，让客户更为自由地享受中介服务（Burstein et al.，2008），选择金融产品（Lee，2009）。作为传统金融中的主要金融中介，商业银行为发挥正常的金融职能必须要降低交易成本，提升效率，其盈利性目标使其有动机去增加收入、削减成本，以实现利润最大化，因此需要从数字金融机构处取长补短（刘澜飚等，2013；李逸飞等，2022）。

运营模式方面，传统商业银行运营的核心在于线下营业网点，通过客户经理为客户介绍金融产品和服务，依靠银行柜员办理金融业务。同时在业务办理的过程中，按照规定的操作流程，进行信息的收集与处理，而这一系列流程往往主要依靠人工。这使得商业银行的营运成本往往与其业务规模高度相关，极大地受到网点数量、地理位置、网点面积等因素的影响（北京大学互联网金融研究中心课题组等，2016）。数字金融则摆脱了营业网点的限制，依靠互联网进行运营，运营成本相对固定，边际成本较低，业务规模对运营成本的影响较小。在规模扩张上，数字金融相比于传统商业银行占据绝对优势（董艳等，2023）。

经营业务方面，数字金融在支付结算、存款理财、贷款融资、渠道代理等方面也都优于传统商业银行。

支付结算与人们的日常生活息息相关，随着互联网经济的发展，人们的消费、交易也都网络化。数字金融相比于传统金融拥有更多的应用场景，能进行转账、还款、网购、发红包、缴费等多种支付业务，结合计算机支付、手机支付、NFC 支付、人脸识别支付等多种先进安全的支付方式，吸引了大批的用户（彭迪云和李阳，2015）。数字金融的便捷性、时效性，能加快资金的流动速度，提升支付清算的效率，是现有商业银行支付体系的推动者（吴晓求，2015）；同时，其基于互联网金融平台支付体系的“脱媒”属性，正逐步替代商业银行在支付结算中间业务中的地位（邱峰，2013），是商业银行支付体系的竞争者。

存款理财方面，数字金融打通了货币市场和资本市场，实际上发挥了吸收存款、发行基金的功能（曹凤岐，2015）。商业银行的现金管理业务的资金门槛较高、期限较长、流动性差，难以满足普通居民的投资需求。互联网金融产品针对这些客户提供的理财产品，通常是 T+0 型货币基金，收益率高于活期存款利率，与银行超短期理财产品相比流动性更好，没有购买限制。同时，相比到商业银行营业网点柜台进行办理，互联网金融产品可线上办理申购赎回，更加方便快捷，费用率也更加低廉（曹凤岐，2015）。这就导致大量有投资需求的普通客户和闲散资金被互联网金融平台所吸引，从而分流了大量原本属于商业银行的个人存款和理财资金。商业银行负债资金主要来自零售型存款和批发型融资，银行负债结构的变动往往会影响其资产风险：零售型存款期限较长，波动性较小，而批发型融资期限较短，波动性较大，当以个人存款为主的零售型存款减少时，银行的风险将大大增加（Marcus，1984；沈悦和郭品，2015）。而这种冲击具有异质性，宏观经济、货币政策等外部因素和资产规模、流动性水平等内部因素，都会影响银行的风险承担（Dell' Ariccia et al.，2017；邓向荣和张嘉明，2018）。相比于大型国有商业银行，非国有、小规模的商业银行客户存款流失更多，资金成本上升更多（郭品和沈悦，2019）。

贷款融资方面，数字金融比商业银行代表的传统金融更能体现普惠金融的特性（戴东红，2014）。数字金融发挥了信息中介、担保、信用增级、贷款等多种功能，通过小额信贷等方式，将更多的中小微企业纳入信贷市场中（邱峰，2014；王海军等，2014）。基于“长尾理论”，数字金融有利于甄别小微企业的金融需求，通过外部经济、规模经济和范围经济的三重效应，改善传统金融市场中的信贷配给程度，弥补信贷供给缺口，缓解中小微企业融资难（王馨，2015）。在实务中，数字金融克服了传统金融征信的缺陷，利用大数据数字处理技术，将海量数据标准化、结构化，降低客户信息收集及甄别成本，用互联网平台沉积的经营、消费数据作为信用评级和风险评估的依据，扩大了授信范围，实现了风险控制（丁杰，2015）。

渠道代理方面，代销保险和基金的收入也是传统商业银行的收入来源之一，数字金融的出现使第三方互联网平台进入了代理销售市场（北京大学互联网金融研究中心课题组等，2016），简化了保险和基金代销所需的程序，减少了成本和费用，其提供的多渠道交互服务，对商业银行代理销售类业务产生了明显的冲击，倒逼商业银行增加网络销售渠道，降低代销手续费用。为适应互联网时代用户需求的改变，商业银行必须实现网点布局转型（马骏，2015）。

综上所述，数字金融机构拥有技术优势，使其能够以更低的成本、更高的收益、更低的风险开展金融业务，从而对商业银行的发展构成威胁。但是它们带来的也不仅是威胁，商业银行可以利用数字金融的技术改进现有业务（沈悦和郭品，2015），获得贷款者的信息，缓解银行和贷款者之间的委托代理问题，更好地控制风险，使中小微企业和个人更容易获得贷款（Agarwal & Hauswald，2010；Han & Greene，2007；Lapavitsas & Dos Santos，2008），从而促进商业银行的发展。这种影响具有异质性：技术进步会使银行业出现规模经济的特点，大型商业银行通过技术升级更能占据有利的市场竞争地位，削弱小型商业银行在获取中小型客户以及客户“软信息”方面的比较优势（Berger & Udell，2002；中国工商银行江苏省分行课题组等，2015），从而使大型商业银行在竞争中胜出。

2.1.2 银行布局的特征和影响

为了适应社会主义市场经济需要，改革开放以来我国陆续恢复、成立和重组了国有商业银行、股份制商业银行和城市商业银行等金融机构，农村信用社也陆续改制成为农村商业银行，这些商业银行和政策性银行、资产管理公司，以及村镇银行、小额贷款公司、农村资金互助社等新型农村金融机构共同构成了中国银行业的金融生态（刘明康，2008；吴晓灵，2008）。

金融服务实体经济，银行的运营也需要实体经济支撑，因此银行业的布局也不可避免随经济发展格局的变动而改变，并且不同类型的银行会因市场地位、战略定位不同，表现出不同的布局结构特征。贺灿飞和刘浩（2013）发现，伴随着国有商业银行股份制改革，国有商业银行在全国的网点布局采取集中化策略：大幅度减少基础网点数目，增加支行数目；网点布局向主要经济增长极集中，从边疆地区与落后地区撤离。李智山等（2014）研究了中国12家股份制商业银行网点在省域、市域层次的分布格局，也发现股份制商业银行网点主要聚集在东部沿海发达城市，呈由东向西递减的格局。虽然两类银行的趋势相同，但它们的布局效率有较大差异，张强等（2012）运用马姆奎斯特（Malmquist）指数发现股份制商业银行的网点布局明显优于国有商业银行和城市商业银行。金融机构的实体网点也是其股东实施竞争战略的手段，熊德平等（2017）以村镇银行网点数量为研究对象，发现村镇银行网点数量与主发起行跨区经营决策及其经营能力呈正向关系。

在经济地理领域，银行网点布局的特征和影响因素也得到了学者们的关注，只是学者们通常以某一城市的银行网点布局为研究对象。王洋等（2016）以广州都市区银行网点的数据研究了其空间布局特征及其类别差异，发现广州市银行业表现出显著的空间不均衡，呈现由中心向外围逐渐递减的“圈层+扇形”空间模式，且不同类型银行的空间密度模式差异显著。程林等（2015）考察长春市中心城区银行网点空间特征以及其与人口和主要经济活动的空间关系，发现银行网点呈现明显的集聚分布特征，并且网点核密度与各商业主体的核密度高度相关。

近年来，我国银行业在县域的战略布局已由收缩转为扩张。在此背景下，银行业竞争对深化普惠金融服务会产生一定影响，王雪和何广文（2019）的研究发现贫困县的银行网点数量仍明显少于非贫困县，且县域银行业竞争显著促进了普惠金融服务深化。实际上，在更早的研究中张海洋和李静婷（2012）以及张海洋和袁雁静（2011）已发现村庄所处的金融环境（各类金融机构的数量）会显著影响区域居民的信贷约束状况，也会影响他们的创业行为。

商业银行实体网点是银行为客户提供金融服务的窗口，是发挥金融中介职能的“根据地”。在面对数字金融的冲击时，各类银行业金融机构也开始进行战略转型，并重新规划其网点布局。总结现有文献不难发现它们存在些许不足：（1）多以全国范围笼统地讨论，或者以单个城市来讨论银行业金融机构网点布局，鲜有全国范围内地区级、县级的研究，过宽或过于单一的研究范围难以还原银行业金融机构网点布局的演化路径。（2）在数字金融对银行业金融机构造成较大影响的情况下，相关讨论多停留在定性分析上，没有相关的实证分析讨论数字金融对营业网点布局的影响。在现有文献基础上，本章着重研究各地区数字金融发展水平对银行业金融机构营业网点布局和行业结构的影响，旨在揭示数字经济时代银行业变迁的特征，并借以对未来的演进方向进行探讨。

2.2 数字时代银行业变迁的实证研究路径

2.2.1 研究设计

本章旨在考察数字时代银行业的变迁态势，银行业金融机构的布局特征和行业结构是考察的重点。我们将以数字金融的发展程度刻画数字时代的特征，研究这一变量是否会影响各地、各类、各层级银行业金融机构的设立、变更和退出。考虑到现实中可能存在这一现象，即银行在区域内退出一个网点的同时在临近街区设立一个新的网点，这种情况实际是金融机构的网点迁移，而非单纯的设立或退出，因此本章主要以地区银行业金融机构数量增长率为被解释变量。为了实现这一目标，我们的研究采用面板数据的固定效应模型：

$$Y_{i,t} = \beta_0 + \beta_1 \cdot index_{i,t-1} + \sum_{j=1}^{k} \gamma_j \cdot control^j_{i,t-1} + \alpha_i + \varepsilon_{i,t},$$

$$i = 1,\cdots,N;t = 1,\cdots,T \qquad (2.1)$$

式中 i 表示第 i 个县级行政区，t 表示年份，被解释变量 Y 为各类银行业金融机构数量的增长率。通过搜集和整理国家金融监督管理总局金融许可证数据，我们得到了 2014 年至 2019 年全部银行业金融机构的信息，从中整理出全国 2 789 个县级行政区各类金融机构的数量年增长率详细信息。最主要的解释变量 *index* 为北京大学数字普惠金融指数，作为县级行政区数字金融发展程度的测量指标。此外本章还包括了县级行政区的宏观经济数据作为控制变量：①人均地区生产总值，用来控制经济发展水平可能存在的影响；②存款占地区生产总值的比例，用来控制当地金融发展水平带来的影响；③每万人银行数量，用来控制当地金融可得性的影响。

2.2.2 识别策略

（1）解释变量滞后一期。考虑到金融机构增长率和数字金融之间可能存在反向因果关系，即银行业金融机构作为金融基础设施的一部分可能正向影响数字金融的发展（互补），或银行业金融机构作为传统金融服务，会和新兴的数字金融之间形成竞争，从而可能抑制数字金融发展（替代）。为避免变量之间的反向因果关系干扰实证分析，本章所有的解释变量均采用一阶滞后项，即研究上一期的数字金融、金融发展水平、经济发展水平等因素对当期银行业金融机构增长率的影响。

（2）工具变量（Instrument Variable）。我们采用年份与各县级行政区到杭州市的球面地理距离的比值作为数字金融的工具变量。从电子商务发展角度，考虑到中国大规模的网络购物平台起源于杭州的阿里巴巴，由此产生了网络支付、移动支付、互联网银行等数字金融模式。快递邮费（如“江浙沪”包邮）、电商理念的梯次外延等因素，均导致离杭州的距离会影响电商发展程度，进而影响数字金融的发展。但由于球面地理距离作为一个不随时间变化的变量，不能直接用于面板数据的回归分析，因此参考 Nunn 和 Qian（2014）的做法，引入一个随时间变化的变量构造工具变量。鉴于数字金融的普及是一个动态过程，随着时间的推移，数字金融技术不断进步，覆盖人群越来越广，数字金融技术水平与时间呈现出正相关关系。因此我们用年份除以各县级行政区到杭州市的球面地理距离作为当地数字普惠金融指数的工具变量，且这一变量能够满足工具变量的相关性条件。就外生性而言，年份以及地理距离均是客观存在的，外生于金融机构增长率。这使年份与各县级行政区到杭州市的球面地理距离的比值能够成为一个有效的数字金融水平工具变量，并且后文的研究也发现该变量满足工具变量所要求的统计条件。

（3）控制县级固定效应。我国地域广阔，各地区的银行网点布局不可避免受到其他政治、经济、文化、行业等因素的影响，这些变量无法一一放入回归方程，从而可能产生遗漏变量偏误。为此，本章的所有研究均采用固定效应模型，加入每个县级行政区的固定效应，以控制所有与地域有关又不随时间变动的因素，比如监管政策的执行力度。

2.2.3　数据来源和描述统计

本章的数据来源有四个：（1）银行业金融机构分布的数据来自国家金融监督管理总局。基于公开的金融机构退出、存续数据，锁定金融机构所在地的县级行政区，进而计算出了每个县级行政区的各年度、各类金融机构数量的增长率。（2）数字金融发展程度的数据来自北京大学数字金融研究中心发布的北京大学数字普惠金融指数。该指数为年度数据，其中县级行政区的数字普惠金融指数的样本区间为 2014 年到 2018 年。该指数覆盖的年度和区域较为广泛，是国内相关研究中能得到的最为权威准确的数据，被学界广泛使用。（3）在回归分析中，我们还控制了每个县级行政区的存款占 GDP 的比率、人均 GDP（对数）、每万人银行数量这三个宏观经济变量，这些数据分别通过各年度的《中国县域统计年鉴》计算而得。（4）每个县级行政区到杭州市的球面距离由各县级行政区的经纬度经过半正矢（Haversine）公式计算得到。相关变量的描述统计如表 2.1 所示。

表 2.1　描述性统计

变量	解释	观测值	均值	标准差	最小值	最大值
dt_fi	银行业金融机构增长率（%）	11 696	0.793	2.529	-4.225	10
dt_bank	商业银行增长率（%）	11 696	0.775	3.016	-4.348	13.64
dt_big6	“六大行”增长率（%）	11 691	-0.0860	1.947	-5.435	6.667
dt_big5	“五大行”增长率（%）	11 676	0.0420	2.839	-7.143	11.11
*dt_jsb_*Ⅻ	12 家股份制银行增长率（%）	3 452	6.091	21.04	-15	100
dt_city	城商行增长率（%）	8 634	10.04	25.14	-5.882	100
dt_rcc	农村合作金融机构增长率（%）	4 288	-4.613	20.31	-100	5.882
dt_bkcore	商业银行中层机构增长率（%）	2 330	2.243	13.69	-25	500
dt_bkbase	商业银行基层机构增长率（%）	11 696	2.200	18.17	-33.33	800
dt_b6core	“六大行”中层机构增长率（%）	2 078	0.296	5.796	-25	200
dt_b6base	“六大行”基层机构增长率（%）	11 691	0.0170	3.582	-37.50	60
dt_jsbcore	股份制银行中层机构增长率（%）	1 086	5.504	19.61	0	200
dt_jsbbase	股份制银行基层机构增长率（%）	3 351	5.484	27.45	-100	500
dt_citycore	城商行中层机构增长率（%）	1 358	3.808	16.90	-50	200

续表

变量	解释	观测值	均值	标准差	最小值	最大值
dt_ citybase	城商行基层机构增长率（%）	8 540	10.84	32.74	-100	500
index_ all	数字普惠金融-总指数	11 696	87.29	23.95	10.24	146.9
index_ w	数字普惠金融-覆盖广度指数	11 696	82.38	22.39	-34.30	174.8
index_ d	数字普惠金融-使用深度指数	11 696	99.49	32.55	0	200.2
index_ digit	数字普惠金融-数字化程度指数	11 695	81.35	29.16	-165.4	307.6
index_ pay	数字普惠金融-支付使用指数	11 696	64.36	25.75	-70.17	289.4
index_ ins	数字普惠金融-保险使用指数	11 696	76.50	30.64	-39.70	201.7
index_ mf	数字普惠金融-货币基金使用指数	11 696	73.16	24.37	-18.96	190.7
index_ ivst	数字普惠金融-投资使用指数	11 696	114.1	36.95	-3.960	203.9
index_ loan	数字普惠金融-信贷使用指数	11 696	109.7	38.11	-39.89	238.1
index_ credit	数字普惠金融-信用使用指数	9 951	99.56	33.85	0	236.4
Deposit2GDP	存款占 GDP 的比率	11 696	1.148	1.021	0	9.511
GDP_ av	人均 GDP（对数）	11 696	10.51	0.717	8.503	15.68
av_ bank	每万人银行数量	11 696	1.817	1.922	0.0310	25.60
HHI	银行竞争 HHI 指数	11 696	0.318	0.136	0.0510	1
DS	“宽带中国”示范城市虚拟变量	11 696	0.285	0.452	0	1

注：表中各类金融机构增长率均指的是其经营网点年增长率。关于各项数字普惠金融指数的构建以及定义，参见郭峰等（2020）的介绍。金融机构在全国的分布不均匀，国有六大行基本覆盖了全国县级行政机构；股份制银行和城商行大多只把网点布局在较为发达的县区，或总部附近的县区。因此后两者在大多数县域的网点数量长期为零。在计算网点增长率时，自然排除了这些样本。合作金融机构在大中城市比较罕见，所以样本中也缺乏城市样本。

表 2.1 中的金融机构是指银行业金融机构，不含证券和保险行业的机构，商业银行包含所有归类为商业银行的金融机构（金融许可证机构编码首字母为 B）以及合作金融机构。根据国家金融监督管理总局的金融许可证信息，我们也对金融机构的类型进行了更详细的分类，包括：“六大行”（工行、农行、中行、建行、交行以及邮政储蓄银行 6 家国有大型商业银行）①、股份制银行（招商银行等全国性股份制银行，共 12 家）、城市商业银行（北京银行等 135

① 此处依照国家金融监督管理总局发布的《银行业金融机构法人名单》中的机构类型进行划分。工商银行、农业银行、中国银行、建设银行、交通银行、邮政储蓄银行这六家国有大型商业银行由国家（财政部、中央汇金公司）直接管控。其发展历程和定位都与其他银行有明显区别，资产规模以及网点分布的广泛程度更是远超其他股份制银行。

家）。合作金融机构主要为各地的农村信用社、农村合作银行和农村资金互助社，不含农村商业银行。同时，出于稳健性考虑，排除“六大行”中的邮储银行在2016年上市后规模扩张所带来的影响，我们也对“五大行”（工行、农行、中行、建行、交行5家国有大型商业银行）进行了研究。

在进行机制分析时，我们分别研究了县级行政区金融可得性、银行业竞争程度和数字金融的交互影响，以县级行政区每万人银行数量作为金融可得性的测量指标，县级行政区银行业的“赫芬达尔—赫希曼”指数（Herfindahl - Hirschman Index，HHI）作为银行业竞争的测量指标。其中，县级行政区每万人银行数量由当地银行总数除以人口数量计算而得。县级行政区银行业的HHI则采用了各类银行机构网点数量占县级行政区银行业金融机构总网点数量的比例计算其市场份额，并取平方后加总，从而得到各县级行政区的年度银行业HHI，数值越大表明地区的银行业市场集中度越高，竞争度越差。

在考虑历史数据的持续相关性时，我们不仅要关注数据所反映的具体数值，而且更要关注其中所蕴含的深层次结构和关系。2014年至2019年的数据为我们提供了一个关于数字金融快速发展及其对传统银行业务影响的宝贵参考。这段时间的数据捕捉到了数字金融的兴起、传统银行网点的适应以及客户行为的变迁等关键特征，这些特征构成了当前金融生态的基础。我们通过深入分析这些关键年份的数据，可以预测银行业在数字化浪潮中的演变趋势。因此，即便在技术日新月异的今天，这些数据仍然具有启发性，能够帮助我们预见和规划未来。通过分析这些历史数据，我们可以更好地理解数字化转型如何重塑银行业的竞争格局，以及如何在新的金融生态中寻找和把握机遇。这不仅是对过去的回顾，更是对未来的洞见，为我们提供了在数字时代中维持银行业高质量发展的策略和政策指导。综上所述，虽然数据是历史数据，但本文的研究为理解数字金融对银行业的影响提供了重要的理论贡献和实证证据。这些分析和结论对于指导当前和未来的实践具有重要的意义和参考价值。

2.3 数字金融对银行业变迁的影响

2.3.1 数字金融与银行网点布局

表2.2中显示的是数字金融对银行业金融机构网点增长率的影响。从中可

以看出，无论是数字普惠金融总指数，还是一级指数（覆盖广度指数、使用深度指数、数字化程度指数），均会降低金融机构网点的增长率。考虑到从2014年到2019年，银行业金融机构的数量持续增长，因此数字金融的快速发展实际是抑制了银行业网点的扩张。以表2.2第（1）列为例，数字普惠金融总指数的系数为-0.019，且在1%的水平显著，表明数字普惠金融总指数增加1个标准差，会让银行业网点增长率下降0.43%，约为0.17个标准差，经济意义和统计意义均较为显著。对于商业银行网点，数字金融的影响趋势也是这样，如表2.2第（5）列所示。如果数字普惠金融总指数增加1个标准差，那么商业银行的增长率会下降0.36%，约为0.12个标准差。从2014年到2019年，银行业金融机构网点的平均增长率为0.79%，其中商业银行网点平均增长率为0.77%，相对于这样的平均增长率，上述系数的经济显著性也较为突出。

表2.2　数字金融对银行业金融机构、商业银行的影响

变量	(1) dt_fi	(2) dt_fi	(3) dt_fi	(4) dt_fi	(5) dt_bank	(6) dt_bank	(7) dt_bank	(8) dt_bank
L.index_all	-0.019*** (0.001)				-0.015*** (0.002)			
L.index_w		-0.012*** (0.002)				-0.009*** (0.002)		
L.index_d			-0.016*** (0.001)				-0.013*** (0.001)	
L.index_digit				-0.015*** (0.001)				-0.013*** (0.001)
L.Deposit2GDP	0.246** (0.107)	0.019 (0.105)	0.266** (0.106)	0.253** (0.105)	0.397*** (0.117)	0.201* (0.110)	0.416*** (0.118)	0.440*** (0.118)
L.GDP_av	-0.028 (0.155)	-0.743*** (0.180)	0.184 (0.159)	0.114 (0.160)	0.041 (0.206)	-0.560*** (0.207)	0.218 (0.214)	0.264 (0.209)
L.av_bank	-0.260*** (0.045)	-0.207*** (0.046)	-0.257*** (0.045)	-0.232*** (0.044)	-0.372*** (0.061)	-0.325*** (0.057)	-0.371*** (0.061)	-0.358*** (0.061)

续表

变量	(1) dt_fi	(2) dt_fi	(3) dt_fi	(4) dt_fi	(5) dt_ bank	(6) dt_ bank	(7) dt_ bank	(8) dt_ bank
Constant	2.951 * (1.586)	9.975 *** (1.853)	0.654 (1.627)	0.982 (1.647)	1.872 (2.089)	7.747 *** (2.111)	-0.029 (2.173)	-0.771 (2.145)
Observations	11 696	11 696	11 696	11 695	11 696	11 696	11 696	11 695
R - squared	0.037	0.023	0.043	0.042	0.018	0.012	0.021	0.022
County FE	YES	YES	YES	YES	YES	YES	YES	YES

注：表中显示的是数字金融对银行业金融机构、商业银行网点增长率的影响。第（1）（5）列是以数字普惠金融总指数作为主要解释变量，第（2）（6）列是以覆盖广度指数为主要解释变量，第（3）（7）列是以使用深度指数为主要解释变量，第（4）（8）列是以数字化程度指数为主要解释变量的回归结果。回归均采用固定效应模型，且解释变量滞后一期。*** 表示在 1% 的水平上显著，** 表示在 5% 的水平上显著，* 表示在 10% 的水平上显著。

不仅数字普惠金融总指数会对金融机构产生影响，各项一级指数也会产生相同的影响效应。考虑到数字金融发展程度的各项一级指数之间会有较强的相关性，因此我们把各项一级指数逐一放入回归方程。从表 2.2 中可以看出，如果以覆盖广度指数、使用深度指数和数字化程度指数作为解释变量，依然可以发现数字金融抑制了银行业金融机构网点的扩张：如果覆盖广度指数增加 1 个标准差，那么会让金融机构增长率下降 0.27%，让商业银行增长率下降 0.20%；如果使用深度指数增加 1 个标准差，那么会让金融机构增长率下降 0.52%，让商业银行增长率下降 0.42%；如果数字化程度指数增加 1 个标准差，那么会让金融机构增长率下降 0.44%，让商业银行增长率下降 0.38%。由此可见，数字普惠金融各项一级指标都会对传统银行业金融机构产生较大的影响。

此外，在面板数据的固定效应模型最小二乘法估计的基础之上，为了避免金融机构增长率和数字普惠金融指数之间可能存在的反向因果关系导致的内生性问题，之后的研究中我们采用了工具变量法，使用年份与各地到杭州市球面距离的比值作为工具变量进行两阶段最小二乘法估计。在扰动项非独立同分布的情况下，对于原假设“工具变量识别不足”的检验中，Kleibergen - Paap rk 的 LM 统计量 p 值均为 0.000，显著拒绝原假设；在弱工具变量检验中，Kleibergen - Paap Wald rk F 统计量大于 Stock - Yogo 弱识别检验 15% 水平上的临界值，对于名义显著性水平为5%的检验，其真实性水平不会超过15%，则可以拒绝弱工具变量的原假设。上述检验，说明了工具变量的合理性。

表2.3展示了以银行业金融机构增长率为被解释变量的固定效应模型。与基准模型相同，数字普惠金融总指数和一级指数均会显著地降低银行业金融机构网点的增长率。数字普惠金融总指数、覆盖广度指数、使用深度指数、数字化程度指数每分别增加1个标准差，银行业金融机构增长率相应地会下降0.77%、1.99%、0.62%、0.52%。

表2.3 数字金融对银行业金融机构的影响：工具变量法

变量	(1) *first* *L. index_all*	(2) *second* *dt_fi*	(3) *first* *L. index_w*	(4) *second* *dt_fi*	(5) *first* *L. index_d*	(6) *second* *dt_fi*	(7) *first* *L. index_digit*	(8) *second* *dt_fi*
L. index_ all		-0.032 *** (0.006)						
L. index_ w				-0.089 *** (0.020)				
L. index_ d						-0.019 *** (0.004)		
L. index_ digit								-0.018 *** (0.003)
L. year_ geo	234.941 *** (75.075)		84.950 ** (34.361)		399.918 *** (118.100)		430.399 *** (132.895)	
Observations	11 664	11 664	11 664	11 664	11 664	11 664	11 663	11 663
R - squared	0.314	0.027	0.196	-0.303	0.330	0.043	0.328	0.041
County FE	YES	YES	YES	YES	YES	YES	YES	YES

注：表中显示的是数字金融对银行业金融机构网点增长率的影响。第（1）（3）（5）（7）列是两阶段最小二乘回归的第一阶段回归结果，第（2）（4）（6）（8）列是两阶段最小二乘回归的第二阶段回归结果。回归均控制了县级行政区固定效应，解释变量滞后一期。*** 表示在1%的水平上显著，** 表示在5%的水平上显著。

2.3.2 数字金融与银行业结构：影响异质性分析

为了研究数字金融对不同类型银行影响的差异性，我们将商业银行分为"六大行"、股份制银行和城市商业银行，并把农村合作金融机构也单独分析。以上述各类金融机构的网点增长率作为被解释变量，表 2.4 展示了回归结果，所有的回归均采用工具变量进行两阶段最小二乘回归以确保结果的稳健性。从中可以看出，数字金融对大型银行和小型银行的影响的确存在较大差异。

表 2.4 数字金融对不同类别商业银行的影响：工具变量法

变量	(1) *dt_big6*	(2) *dt_big5*	(3) *dt_jsb*	(4) *dt_city*	(5) *dt_rcc*
L. index_all	-0.005 (0.006)	-0.000 (0.006)	-0.294*** (0.068)	-0.331*** (0.044)	-0.153*** (0.027)
Observations	11 659	11 645	3 419	8 569	4 244
R - squared	-0.003	0.004	0.068	0.059	0.033
County FE	YES	YES	YES	YES	YES

注：表中显示的是数字金融对各类商业银行网点增长率的影响，以数字普惠金融总指数作为主要解释变量的回归结果，限于篇幅没有列出控制变量和常数项的回归系数与标准差。表中所列是两阶段最小二乘回归的第二阶段回归结果，第一阶段回归结果和前面表格类似，为节约篇幅没有再列出。回归均控制了县级行政区固定效应，解释变量滞后一期。*** 表示在 1% 的水平上显著。

（1）作为大型银行代表的“六大行”，其网点增长率受到数字金融的影响效应并不显著。从第（1）列的数据可以看出，数字普惠金融总指数对“六大行”这样的大型银行网点增长率没有显著影响。实际上，我们也单独分析了覆盖广度指数、使用深度指数和数字化程度指数，发现它们对“六大行”的网点增长率均没有显著影响（限于篇幅，表中没有列出）。第（2）列是我们剔除了邮储银行，以“五大行”作为研究对象的回归结果，也呈现出同样的特点。

（2）数字金融减缓了股份制银行网点增长率，抑制了扩张势头。数字普惠金融总指数的系数显著为负，以第（3）列为例，计算可得到：如果数字普惠金融总指数增加 1 个标准差，那么增长率会下降 7.04%。考虑到样本中各县级行政区股份制银行网点的年均增长率为 5.48%（见表 2.1），可见数字金融的影响较为突出。

（3）数字金融的发展对城市商业银行的非理性扩张有着较为明确的抑制效应。2015 年至 2019 年，城商行网点数量从 1.23 万增加到了 1.79 万，增加了 45.5%，呈现出快速扩张的势头。第（4）列显示数字普惠金融总指数的系

数为 -0.331，且在1%的水平上显著，如果数字普惠金融总指数增加1个标准差，那么城市商业银行的网点增长率会下降7.93%。这表明，数字金融的发展在一定程度上有效地抑制了城市商业银行的扩张速度。近年来，我国城商行系统因急速扩张积聚了较大的金融风险①，从这个意义上看数字金融为抑制银行业风险积聚也作出了一定的积极贡献。

（4）数字金融的发展加速了农村合作金融机构转型和退出市场的速度。第（5）列显示数字普惠金融总指数的系数为 -0.153，且在1%的水平上显著，表明如果数字普惠金融总指数增加1个标准差，那么合作金融机构的网点增长率会降低3.66%。此外，如果覆盖广度指数、使用深度指数和数字化程度指数增加1个标准差，那么合作金融机构的增长率也会分别下降6.52%、3.19%和2.92%（表中没有列出）。近年来，我国合作金融机构网点数量呈不断减少的态势，2015年至2019年合作金融机构网点的平均增速为 -4.61%（见表2.1），面对这样的平均增速，数字金融的影响不容忽视。需要注意的是，农村合作金融机构网点的减少有两个原因，其一可能是转型为农村商业银行，其二是网点退出。上述结果表明，数字金融加速了农村合作金融机构的转型和退出。

从前文的分析我们可以看出，数字金融的影响对大型银行和中小型银行截然不同，数字金融的发展对前者几乎没有显著的影响，对后者则会产生明显的不利影响。以“六大行”为例，无论是数字金融总指数还是各维度特征对其网点增长率均没有显著影响。然而对于股份制银行、城市商业银行和农村合作金融机构，数字金融的发展会降低其增长率：或是减缓增长，或是加快退出速度。为什么会产生如此明显的差异呢？可能的原因在于数字金融也需要以银行账户作为基础：无论是支付、贷款、投资还是保险等行为都需要绑定银行账户。现行的金融监管政策还不允许银行远程开户，所以开户行为不可避免需要商业银行的实体网点提供服务。从中国人民银行公布的数据来看，2009年至今，我国银行个人账户总数量稳步增长（甚至呈现加速增长的态势），这和数字金融快速发展的趋势吻合。消费者在选择开户银行时，主要会根据自身的数

① 城商行整体资产质量近年来有所下降，2019年第一季度不良贷款率为1.88%，年底达2.32%，增加了0.44个百分点。同时城商行的资本充足率为各类型银行中最低：2019年底仅为12.7%，既低于股份制银行的13.42%，也低于农商行的13.13%，更远远低于国有大行的16.31%。此外，还发生了一些负面事件，如包商银行、锦州银行等因资不抵债而被监管部门接管。

字金融应用场景，选择与日常使用的网络经济平台有合作关系的银行，这类银行通常是实力雄厚的大型银行。同时，考虑到银行服务的网络效应，消费者无疑会偏好网点分布广泛的银行，因此会首选遍布全国城乡的“六大行”。它们的实体网点作为数字金融发展的基础设施，会和数字金融呈现互补的发展态势。因此，虽然数字金融对商业银行整体扩张有抑制作用，但大型银行自身优势带来的互补作用在一定程度上缓解了数字金融对大型银行线下实体网点的冲击，两种相反的作用使数字金融对大型银行的影响不显著。

2.3.3 数字金融与银行业结构：进一步分析

通过上述分析，不难发现数字金融对银行业金融机构网点数量的增长率整体存在显著的负向影响。对不同类型商业银行的影响又表现出了显著的异质性，即对大型国有商业银行没有显著影响，对中小型商业银行有显著的负向影响。在此基础之上，由于银行营业网点是银行开展业务的主要场所，本章更进一步地探究了数字金融对于各类型商业银行的不同层级机构网点影响有何差异。我们将银行业金融机构按照金融许可证编码的第六位组织类别代码进行分类，其中一级、二级分行及其营业部和直属支行为中层机构，支行、分理处、办事处、营业所、储蓄所和其他分支机构为基层机构。

我们延续上一节的分析，分别将商业银行、“六大行”、股份制银行和城市商业银行的中层机构和基层机构网点的增长率作为被解释变量，利用工具变量进行两阶段最小二乘回归。如表 2.5 所示，第（1）列显示从商业银行整体来看，数字金融对其中层机构没有显著的影响，第（2）列表明数字金融对其基层机构有较为显著的负向影响，数字普惠金融总指数增加一个标准差，商业银行基层机构增长率会下降 1.08%。

从前文分析中我们得知，数字金融对“六大行”整体的机构增长率没有显著的影响。表 2.5 中，我们列出了以“六大行”中层机构和基层机构增长率为被解释变量的回归结果。表中第（3）列和第（4）列又一次印证了先前的分析，可以看到关键变量（数字普惠金融总指数）的系数不显著，表明数字金融对大型国有银行的中层机构和基层机构的网点分布均没有显著的影响。

表 2.5　数字金融对商业银行不同层级机构的影响：工具变量法

变量	(1) dt_bkcore	(2) dt_bkbase	(3) dt_b6core	(4) dt_b6base	(5) dt_jsbcore	(6) dt_jsbbase	(7) dt_citycore	(8) dt_citybase
L. index_all	-0.048 (0.038)	-0.045*** (0.012)	-0.005 (0.006)	-0.003 (0.006)	-0.052** (0.022)	-0.391*** (0.082)	-0.009 (0.060)	-0.426*** (0.054)
Observations	2 312	11 664	2 064	11 659	1 078	3 314	1 347	8 474
R - squared	0.001	0.011	0.001	0.000	0.007	0.065	0.003	0.062
Number of rids	700	2 757	629	2 756	356	930	430	2 100

注：表中显示的是数字金融对商业银行中层机构和基层机构增长率的影响，以数字普惠金融总指数作为主要解释变量，限于篇幅没有列出控制变量和常数项的回归系数与标准差。表中是两阶段最小二乘回归的第二阶段回归结果，第一阶段回归结果和前面表格类似，为节约篇幅没有再列出。回归均控制了县级行政区固定效应，解释变量滞后一期。*** 表示在1%的水平上显著，** 表示在5%的水平上显著。

类似地，我们将股份制银行、城市商业银行的中层机构和基层机构增长率作为被解释变量分别对数字金融指数进行回归，呈现出了与大型国有银行截然不同的回归结果。如第（5）列和第（6）列的系数所示，股份制银行无论是中层机构还是基层机构都受到了数字金融显著的负向影响，机构网点的扩张势头都受到了不同程度的抑制。表 2.5 中第（7）列和第（8）列的系数显示，数字金融对城市商业银行的影响范围略小于股份制银行，仅基层机构的扩张受到了数字金融的明显抑制，中层机构并未受到显著的影响。

对于所有类型的银行，基层机构受到数字金融的影响均高于中层机构。以股份制银行为例，从表 2.5 第（5）列和第（6）列可以看出，当数字普惠金融总指数增加一个标准差时，股份制银行的中层机构增长率会下降 1.25%，基层机构增长率会下降 9.36%，后者远高于前者。

本章结论印证了现实中我国商业银行互联网金融转型的情况（北京大学互联网金融研究中心课题组等，2016）。北京大学数字金融研究中心 2016 年发布的《商业银行互联网战略转型研究》分析了我国具有代表性的 5 家国有银行、11 家股份制银行和 98 家其他类型银行的年报，发现不同类型商业银行互联网转型有明显差异。首先，国有商业银行在资产、客户群等方面的绝对优势以及数字技术应用的规模经济助推其进行互联网转型，使数字金融对其没有显著的影响。其次，城市商业银行在规模和资源上不及国有银行和股份制银行，但因为其相对较小的资产规模，具备了“船小好掉头”的特点，“转型惰性小”使其在银行业普遍受到负面冲击的情况下实现转型，从而减缓数字金融对其扩张带来的负向影响。最后，相比较于前两者，股份制银行普遍转型较晚，因此受到了数字金融更为显著的负向冲击。

商业银行机构网点业务开展情况在一定程度上决定了网点的设立与裁撤，从业务的角度来讲，数字金融对商业银行的影响将沿着业务的开展从下至上进行传导。而基层机构作为商业银行开展业务的主要场所，首当其冲地面临着数字金融带来的业务冲击，因此能更加敏锐地感知数字金融的影响。可以看到股份制银行的中层机构和基层机构都受到了数字金融的影响；而城市商业银行的中层机构没有受到显著的影响，基层机构受到了显著的负向冲击。股份制银行受到冲击的机构范围比城市商业银行更加广泛，反映了股份制银行比城市商业银行受到数字金融更大冲击的现实。

2.4 数字金融的影响机制与进一步讨论

2.4.1 影响机制：数字金融不同维度影响的差异

为了研究数字金融对商业银行网点增长率施加影响的具体根源，我们分别考察了使用深度指数的不同维度，即二级指数（支付使用指数、保险使用指数、货币基金使用指数、投资使用指数、信贷使用指数、信用使用指数）对商业银行网点的影响，以分析数字金融对商业银行网点施加影响的主要渠道，结果如表2.6所示。可以发现，使用深度指数的二级指数均对银行网点增长率有负向影响，其中支付使用指数、保险使用指数、投资使用指数、信贷使用指数和信用使用指数都对银行网点增长率产生显著的负向影响，而货币基金使用指数对银行网点增长率的影响则不显著。根据这些回归系数，可以计算出：影响最大的是支付使用指数，增加一个标准差会使银行网点增长率下降2.96%；其次是投资使用指数，增加一个标准差会使银行网点增长率下降0.63%；影响最小的是信用使用指数，增加一个标准差会使银行网点增长率下降0.44%。

表2.6 数字金融深度指数细分：工具变量法

变量	(1) *dt_bank*	(2) *dt_bank*	(3) *dt_bank*	(4) *dt_bank*	(5) *dt_bank*	(6) *dt_bank*
L. index_pay	-0.115*** (0.032)					

续表

变量	(1) dt_bank	(2) dt_bank	(3) dt_bank	(4) dt_bank	(5) dt_bank	(6) dt_bank
L. index_ins		-0.020*** (0.004)				
L. index_mf			-0.986 (1.210)			
L. index_ivst				-0.017*** (0.004)		
L. index_loan					-0.014*** (0.003)	
L. index_credit						-0.013*** (0.005)
Observations	11 664	11 664	11 664	11 664	11 664	9 917
R - squared	-0.239	0.013	-22.635	0.015	0.021	0.005
County FE	YES	YES	YES	YES	YES	YES

注：表中显示的是数字金融深度指数的各项分指数对商业银行网点增长率的影响，从第（1）列到第（6）列的主要解释变量分别为支付使用指数、保险使用指数、货币基金使用指数、投资使用指数、信贷使用指数和信用使用指数，限于篇幅没有列出控制变量的回归系数与标准差。表中是两阶段最小二乘回归的第二阶段回归结果，第一阶段回归结果和前面表格类似，为节约篇幅没有再列出。回归均控制了县级行政区固定效应，解释变量滞后一期。*** 表示在 1% 的水平上显著。

这一结论也符合经济直觉，数字金融中比较有影响的主要业务就是第三方支付、网络借贷、网络投资以及数字保险（黄益平，2017）。支付宝、微信支付等第三方支付工具是消费者最频繁使用的数字金融手段，其“脱媒”和高技术特性带来的高效、快捷明显优于传统金融支付体系和支付工具，并且数字金融极大地丰富了支付结算的应用场景，是现有商业银行支付体系和支付工具的有力竞争者（吴晓求，2015）。此外，支付业务为第三方支付平台带来了大量资金沉淀，促成了余额宝等“宝宝类”互联网理财产品的产生。而这些互联网金融产品吸引了大量普通居民投资者，造成了传统商业银行的理财资金和个人存款的大量流失。同时在我国信贷资源长期供不应求的情况下，数字金融很好地包容了长尾理论中的尾端客户（王馨，2015），冲击了传统商业银行的贷款融资业务。商业银行的利润主要来自存贷利差，因此如果贷款业务或存款业务受到影响，就会殃及银行网点的生存。数字普惠金融指数中的信贷使用指数（反映互联网个人消费贷款和小微经营贷款业务）会影响商业银行的贷款业务，投资使用指数（反映互联网用户参与网上投资理财业务）会影响商业银行的存款业务，这两个方面的快速发展对商业银行相当于“釜底抽薪”，从根本上动摇商业银行的传统业务模式。

2.4.2 数字金融与金融可得性

在上述分析中，我们提出了一种可能的机制，数字金融与商业银行相互竞争，凭借其特有的优势实现对传统金融机构的替代，进而对传统金融机构产生负面影响，减缓其扩张速度。在本节分析中我们采用了 Mookerjee 和 Kalipioni（2010）的度量方法，使用每万人拥有的银行机构数量衡量金融服务的可得性，当地每万人银行数量越多，其金融可得性越强。

表2.7中，被解释变量是银行业金融机构网点增长率，我们加入了数字普惠金融指数与每万人银行数量的交互项，可以看到各交互项系数均显著为负。在第（1）列中，数字普惠金融指数与交互项的系数同为负数，表明数字金融会对银行业金融机构网点增长率产生负向影响，该影响受到当地金融可得性的调节。结果表明，金融可得性会加强数字金融的负向影响：金融可得性越强，数字金融对银行业金融机构网点增长率的负向影响越强；反之，金融可得性越弱，数字金融对银行业金融机构网点增长率的负向影响越弱。

上述效应在一定程度上体现出了数字金融与传统金融机构之间的相互替代性。银行作为传统金融机构的代表，地区每万人银行数量越少意味着当地金融可得性越弱，在缺乏金融服务、存在巨大金融供给缺口的情况下，无论是传统金融机构还是新兴的数字金融提供的金融服务，都是客户所迫切需要的，因此数字金融对传统金融机构的替代作用会大大减弱，负向影响也会相应地减弱。相应地，地区每万人银行数量越多意味着当地金融可得性越强，在不缺乏金融服务的情况下，客户会更加注重金融服务的质量、效率，因此高效便捷的数字金融更容易受到客户的青睐，数字金融比传统金融更具有优势，其对传统金融机构的替代作用会大大增强。

2.4.3 数字金融与银行市场竞争度

传统金融机构之间的相互竞争也是影响银行业布局的重要力量，如果

"在位金融机构"垄断势力较强，那么它们的市场势力会成为其扩张机构的优势，也会成为其抵御数字金融冲击的屏障。因此，地区"在位银行"的市场势力可能在某种程度上削弱数字金融的影响。我们以地区银行业的 HHI 指数度量市场势力，表 2.7 第（2）列的结果显示，数字金融的确可以抑制银行业金融机构以及商业银行的扩张，但是如果地区银行业的 HHI 指数较高，即市场上"在位金融机构"市场势力较强，那么数字金融的影响会减弱："在位金融机构"会想方设法利用自己的垄断势力，抵消数字金融带来的不利影响。

2.4.4 数字金融的影响：长期趋势

为了进一步考察数字金融对银行业的影响会随着经济发展表现出何种长期趋势，我们在回归分析中，增加了数字普惠金融指数与县级行政区人均地区生产总值的交互项。从表 2.7 第（3）列可以看出，交互项的系数显著为负，这表明随着经济增长，数字金融抑制银行业扩张的作用会越来越明显。原因可能有两点：第一，地域经济发达，意味着辖区内的家庭和企业等经济主体的消费、投资、生产能力比较强，会带来比较旺盛的金融需求。作为"后起之秀"，数字金融企业进行商业推广的积极性也会越来越高。第二，随着经济增长，通信基础设施（特别是移动通信设施）会更完善，同时移动终端普及率与收入水平紧密相关，会随着经济发展而提高，这会提升数字金融的市场占有率。上述两方面因素导致数字金融的影响也会随着经济增长而更强。纵向来看，各地区的人均地区生产总值在可预见的未来还会保持增长趋势，因此如果上述逻辑成立，长期看数字金融对银行业的影响也会越来越大。

表 2.7 数字金融的影响：金融可得性、市场竞争度与长期趋势

变量	(1) *dt_fi*	(2) *dt_fi*	(3) *dt_fi*
L. index_all	-0.022 *** (0.002)	-0.023 *** (0.002)	-0.025 *** (0.002)
L. C_index_all_BANK	-0.004 *** (0.001)		
L. C_index_all_HHI		0.096 *** (0.011)	

续表

变量	(1) dt_fi	(2) dt_fi	(3) dt_fi
L. C_index_all_GDP			-0.016*** (0.002)
L. HHI		11.598*** (2.548)	
L. GDP_av	-0.055 (0.159)	0.099 (0.156)	-0.011 (0.174)
L. Deposit2GDP	0.233** (0.109)	0.273** (0.107)	0.188* (0.105)
L. av_bank	-0.156*** (0.055)	-0.256*** (0.047)	-0.224*** (0.045)
Constant	3.419** (1.624)	-1.665 (1.853)	3.416* (1.766)
Observations	11 696	11 696	11 696
R - squared	0.039	0.056	0.047
County FE	YES	YES	YES

注：表中显示的是数字金融与经济水平对银行业金融机构网点增长率交互影响。变量 *C_index_all_BANK* 为中心化后的数字普惠金融指数（*C_index_all*）和中心化后的每万人银行数（*C_av_bank*）的交互项。回归均采用固定效应模型，且解释变量滞后一期，限于篇幅没有列出控制变量的回归系数与标准差。*** 表示在1%的水平上显著，** 表示在5%的水平上显著，* 表示在10%的水平上显著。

2.4.5 更换工具变量："宽带中国"战略

由于经济水平较高的地区，金融发展水平和数字金融发展水平均可能较高，为了解决内生性问题，进一步验证研究结论的稳健性，我们利用了"宽带中国"战略这一准自然实验识别数字金融发展水平对银行业金融机构的影响。为了推动我国宽带基础设施快速健康发展，2013 年 8 月 1 日国务院印发了《"宽带中国"战略及实施方案》，将宽带网络作为国家战略性公共基础设施。工业和信息化部、国家发展改革委决定联合开展创建"宽带中国"示范城市（城市群）工作，并于 2014 年、2015 年和 2016 年分三批确定了 117 个城市（群）作为"宽带中国"建设示范城市，在信息通信新技术新业务试点、示范项目等方面，优先对"宽带中国"示范城市（城市群）进行支持。一方面，数字金融的发展离不开宽带网络这一基础设施的支持，数字金融的性能和质量的提升都依赖宽带网络基础设施的升级；另一方面，作为一项国家战略政策，相关建设城市的选址并不由当地银行业金融机构分布状况所决定，因而保证了冲击的外生性，为研究提供了良好的准自然实验研究场景（赵涛等，2020），满足了工具变量要求的相关性和外生性要求。

为了排除之前由年份与各县级行政区到杭州市的球面地理距离的比值作为数字金融的工具变量可能存在的外生性质疑，我们又采用了“宽带中国”战略当年是否在该区域实施的虚拟变量作为工具变量，进行了控制县级行政区划固定效应的两阶段最小二乘回归。工具变量检验结果可知，拒绝弱工具变量与不可识别假设，本章所选取的工具变量有效。表 2.8 与表 2.3 对应，可以看出更换工具变量后回归结果仍稳健。

表 2.8　数字金融对银行业金融机构的影响：以“宽带中国”战略实施作为工具变量

变量	(1) *first* *L. index_all*	(2) *second* *dt_fi*	(3) *first* *L. index_w*	(4) *second* *dt_fi*	(5) *first* *L. index_d*	(6) *second* *dt_fi*	(7) *first* *L. index_digit*	(8) *second* *dt_fi*
L. DS	29. 694 *** (1. 017)		26. 418 *** (0. 914)		34. 371 *** (1. 402)		32. 020 *** (1. 547)	
L. index_all		-0. 031 *** (0. 004)						
L. index_w				-0. 034 *** (0. 005)				
L. index_d						-0. 027 *** (0. 004)		
L. index_digit								-0. 028 *** (0. 004)
Observations	11 664	11 664	11 664	11 664	11 664	11 664	11 663	11 663
R - squared	0. 370	0. 029	0. 262	-0. 004	0. 361	0. 032	0. 348	0. 023
County FE	YES	YES	YES	YES	YES	YES	YES	YES

注：表中显示的是数字金融对银行业金融机构网点增长率的影响。第（1）（3）（5）（7）列是两阶段最小二乘回归的第一阶段回归结果，第（2）（4）（6）（8）列是两阶段最小二乘回归的第二阶段回归结果。回归均控制了县级行政区固定效应，解释变量滞后一期。*** 表示在 1% 的水平上显著。

2.5 数字时代银行业变迁的结论与政策启示

国务院发布的《“十四五”数字经济发展规划》中指出，全面加快商贸、物流、金融等服务业数字化转型，优化管理体系和服务模式。本章以银行网点布局和行业结构变化为切入点，研究了数字经济时代银行业管理体系和服务模式转型的趋势。我国持续高速的经济增长带来金融需求的扩张，不仅带动了数字金融的快速发展，也使我国银行业金融机构在过去数年中实际呈现扩张的趋势，主要体现在新法人、新机构不断成立。我们的研究发现，数字普惠金融有效地减缓了银行业机构网点的扩张势头，主要体现为显著减缓了股份制商业银行和城市商业银行的扩张。值得关注的是，国有“六大行”凭借其遍布全国的网点带来的网络效应以及利用新技术时的规模经济，在面对数字金融的冲击时能够“大象转身”，及时数字化转型并调整战略，与数字金融相互融合，网点布局并没有受到数字金融显著的负向影响。对于农村合作金融机构这样的小型金融机构而言，数字金融则加速了农村合作金融机构转型和网点退出的步伐。

我们的研究也发现，数字金融的影响主要表现在各类机构的基层网点。作为业务开展的主要场所，基层网点对市场的变化更加敏感。股份制银行和城市商业银行在面对数字金融挑战时应对方式有较大的差异，导致两者受影响的机构网点范围出现了显著的不同。另外，数字金融的不同业务对银行业金融机构的影响也不尽相同，这也反映了数字金融在第三方支付、网络借贷、网络投资以及数字保险等领域相对传统金融机构占据了明显的比较优势。

数字金融对传统金融机构的影响会随着经济增长而加强，且受到地区金融可得性的调节：当地区金融供给不足时，数字金融对传统金融的冲击将显著减弱，反之当地区金融供给相对充足时，数字金融服务将更容易冲击当地的传统金融机构。此外，数字金融对传统金融机构的影响还随着地区银行业的竞争程度的变化而存在一定的差异，“在位金融机构”的垄断势力将显著地帮助其抵御数字金融的冲击。

疫情过后，公众对“无接触”的数字金融服务更加适应。可以预期外部的数字金融机构和银行本身提供的在线服务都会快速增长，根据本章的定量分析，我们容易判断商业银行网点数量会继续减少，甚至加速减少。另一种可能性是，银行网点的商业功能发生转变，从以往提供具体金融服务的窗口变成单纯的“获客”和业务咨询平台，国外已有先例。不管是哪一种趋势，历史将再一次证明，技术进步会不可逆转地推动金融业态的改变。

第3章 银行竞争与企业融资：理论论述

3.1 引言

过去十年，全球银行业因为金融自由化进程而受到了巨大的冲击。其中最明显的变化发生在新兴市场国家，这些国家的银行业在所有制结构、管理架构与信贷技术等方面均呈现出多元化发展态势。各银行的异质性发展同样促成了国内分支机构的多样化。各城镇间的银行差异如今已不仅体现在分支机构数量的差异性上，还表现在分支机构的规模、所有制结构与组织架构的复杂性上。而区域中银行的多样化趋势将对企业的信贷可得性产生重大影响①。

2008 年国际金融危机发生以来，通过银行业的竞争来破除中小企业融资难题作为全球经济增长中的一个关键性命题再次引起了学界与政界的广泛关注。企业能够利用包括银行在内的正规金融渠道融资的规模与经济发展水平息息相关（Beck et al. , 2005），可现实中中小企业在试图利用正规金融渠道融资时面临种种困境（Beck et al. , 2008；黄益平和邱晗，2021；张一林等，2021）。以我国情形为例，中小企业是我国经济活动的重要组成部分，它们数量众多，也为经济发展作出了重大贡献（Ayyagari et al. , 2010；Cheng & Degryse，2010a；黄益平和邱晗，2021；张一林等，2021）。但同时，我国中小企业在向国有银行以及其他正规金融机构贷款时面临的巨大信贷约束。

尽管上述困境长期存在，但以我国为代表的诸多发展中国家却对何种因素导致中小企业面临信贷约束并未展开充分研究。举例而言，银行竞争就有可能是破除信贷约束的重要驱动因素（Petersen & Rajan，1995；Carbo – Valcerde et al. , 2009），而我国在这一领域却鲜有著作。

在政策制定层面，我国政府早已关注到中小企业融资难问题，并采取了一系列措施来破除难题。随着时间发展，中小企业融资问题最终被列入了国家发展的大政方针当中，并于 2002 年 6 月 29 日以《中华人民共和国中小企业促进法》的形式出台。近年来，我国政府也出台了许多新的政策措施应对中小企业融资难问题，为中小企业提供税收减免优惠，拓宽融资渠道，如 2017 年财政部和国家税务总局印发《关于支持小微企业融资有关税收政策的

① 该结论同样见于 Canales 和 Nanda（2012）对于墨西哥的实证研究，以及 Popov 和 Udell（2012）、Beck 等（2018）的两组对于新兴欧洲国家的研究。

通知》、2018 年银监会印发《关于 2018 年推动银行业小微企业金融服务高质量发展的通知》、2023 年工业和信息化部、中国人民银行、国家金融监督管理总局、中国证监会、财政部等五部门组织联合开展“一链一策一批”中小微企业融资促进行动等。尽管政策相继落地，但是既有问题并未得到根除。因此，找到在中小企业融资过程中发挥决定性作用的因素并加以规划，对于解决问题至关重要。

3.2 银行体系与企业融资的政策背景

在我国银行领域占据主导地位的是国有大型银行。如图 3.1 所示，截至 2023 年，国有大型银行仍拥有银行业近 50% 的资产。但其倾向于为国有企业提供贷款（这些企业常常是所在行业中规模最为庞大的那一批），对于向中小企业提供贷款兴致不高。Berger 等（2005）、张一林等（2019）研究均指出小银行相较于大银行能够更有效率地收集企业的软信息，并依托收集到的信息作出贷款决策。这种特性对于小型企业与年轻企业弥足珍贵，因为它们通常缺乏融资经历，有极大的信息不透明程度，以致大银行不愿意为其提供贷款。

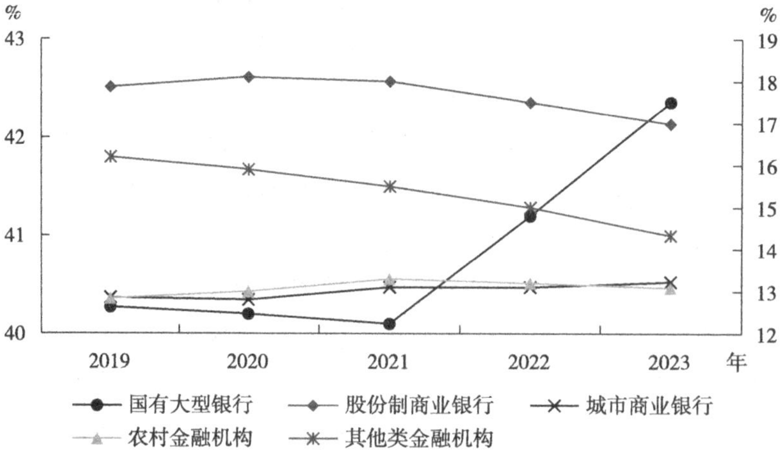

注：国有大型银行的市场占有率纵轴在左侧，其他类型的银行市场占有率纵轴在左侧。

图 3.1 银行总资产的市场占有率

（数据来源：国家金融监督管理总局）

我国还有 12 家规模介于“四大行”① 与城市商业银行之间的股份制银行。股份制银行能够较为自由地在全国开设分支机构，而它们的目标客户群体早早便囊括了中小企业（而作为它们的竞争对手的“四大行”，却缺乏开发此类群体业务的意愿）。

此外，银行业生态的末端存在百余家小型城市商业银行。它们的前身大部分是地方的城投公司。20 世纪 80 年代，城投公司在我国开始兴起，并立刻成为中小企业贷款的主要供给方。这些城投公司被政府定性为非银行的金融机构②。20 世纪 90 年代中期，出于金融体系稳定的考量，我国政府开始对城投公司进行整顿，通过将城投公司改组为城市商业银行，抑或是直接设立新的城市商业银行，来替代过去这些城投公司的位置。尽管城投公司开展了改组，但其受到的监管并未放松。在 2006 年以前，在监管的要求下，城商行通常只能在总部所在城市开展业务。不过，这种监管限制也促使城商行形成了独特的发展战略，它们聚焦本地金融市场，并将中小企业视作重要的客户群体，此种战略契合了它们自身的规模，并起到代替前身城投公司职能的作用。

与城商行发展历程并行的是银行竞争戏剧化地加强。背后的原因之一就是城商行在我国的不断扩张，引起了信贷市场的激烈竞争③。由于城商行自身特性，在规模的制约与促进本地经济发展的要求下，大部分城商行将客户群体锁定为本地中小企业。于是，我们能够为研究银行竞争对中小企业信贷约束的影响找到独特的实验观测对象。我国的银行竞争有如下表现形式：股份制银行与“四大行”展开竞争争夺大企业客户，同时股份制银行还与城商行展开竞争争夺中小企业客户。因此，伴随股份制银行与城商行数量激增，银行竞争激化。

我国民营企业、中小微企业可能由于风险高、抵押物缺乏等原因在信贷市

---

① 本书的调研数据未包含邮储银行和交通银行，后文同。

② 按照中国金融与银行业统计年鉴（1995）的数据，在 1994 年末，我国共有 5 229 家城市信用社。而在随后的几年里，大约 3 000 家城市信用社被改组为 112 家城市商业银行，相当于平均 26 家城市信用社被合并为 1 家城商行，剩余的部分则同农村信用社合并。在 2005 年末，我国尚存 600 家城市信用社，但它们的市场占有率很小，在全部银行分支机构数量中仅占据 0.60%。因此，尽管在研究中我们将城市信用社视作可能的中小企业融资渠道，但在后文计算银行市场集中度的过程中排除这些城市信用社的分支机构不太可能对结果产生巨大干扰。除此之外，在我国的金融市场中实际上还存在数量巨大的农村信用社、信托投资公司、信贷公司，以及 3 家分别为了支持农业、基础设施、对外贸易三个领域发展而设立的开发性金融机构（政策性银行）。但是，由于上述机构通常不会为中小企业提供贷款，在研究中我们将之同样排除在外。

③ Hu 和 Yue（2007）德意志银行报告预测我国城市商业银行将是银行领域未来一年增长最为快速的一部分。

场上难以获取资金，长期以来其融资难问题未得到有效解决。国有企业则更容易获得贷款（Bailey et al.，2011），而外资企业则可以借助母公司进入国际资本市场中获得贷款（Manova et al.，2009），融资约束相对较小。

3.3 银行竞争与企业融资的信息假说

银行业的一大特征在于贷款方与借款人（特别是规模小而且信息不透明的借款人）之间常常存在较大的信息不对称，学界对于地方银行竞争能否使借款人真正受益产生分歧性看法。在既往文献中，银行竞争对于信贷约束的作用效果是模糊的。当前来看，学界划分成两大理论派系：一类是信息假说，强调关系型贷款；另一类是市场势力假说，遵循结构—行为—绩效的研究方式。

在信息假说的理论框架中，激化的银行竞争可能导致银行难以获得内部化信息不透明企业的红利，并将导致更多的信贷约束（Petersen & Rajan，1995；Fungáčová，2017）。也就是说，更少的银行竞争可能使企业受益，特别是对于那些信息不透明的企业来说，适当市场势力的存在使银行能够塑造长期的贷款关系。有理论指出，在一个集中的银行市场，贷款方可以通过向后期投放的贷款收租来补贴早期的贷款损失。在这种市场中，银行只会与那些未来将高度忠诚于本银行的企业开启贷款合作。但在高度竞争的市场中，这种情况则完全不可能出现。由于高度竞争排除了不透明借款人急需的利率跨期平滑处理（Petersen & Rajan，1995）。类似地，基于德国制造业企业的调查数据发现，更高的银行业集中度可以让银行业获得更多企业的信息，进而促进贷款可获得性提升（Fischer，2000）；还有研究发现借款人所特有的信息在高度竞争下会被分散，由此导致贷款定价的畸高与筛选合格借款人中的低效（Marquez，2002）。针对国家行业的研究发现，贷款供给方集中度同产业增长之间的正相关关系很大程度上依赖外部金融情况（Cetorelli & Gambera，2001；Bonaccorsi di Patti & Dell'Ariccia，2004）。在公司层面的研究中，有学者发现美国地方银行竞争激化的地区，企业倾向于选择用自有资金经营而非举债经营①（Zarutsk-

① 同样见于 Petersen 和 Rajan（1994），Berger 和 Udell（1995），Ongena 和 Smith（2001）以及 Dell'Ariccia 和 Marquez（2006）的研究结果。一小部分研究认为即使在关系型贷款盛行的环境下，竞争的激化也有可能缓解信贷约束（Boot and Thakor，2000）。如果激化的竞争倒逼银行去加强从借款人处获取各类真实的“软”信息的能力，则这种竞争可能有利于信息不透明的小企业（Dell'Ariccia and Marquez，2004；Hauswald and Marquez，2006）。

ie，2006）。

此外，小型银行可能由于其扁平化结构而在向中小企业贷款活动中拥有比较优势（Jayaratne & Wolken，1999；Beatriz et al.，2022）。伯杰和布莱克（Berger & Black，2011）的研究表明小型银行在发放关系型贷款上拥有比较优势。伯杰和 Udell（2006）、Zhang 等（2016）的研究提出了相反的观点，前者发现在许多发展中国家，有一定数量的外资银行（尽管它们规模相对较大并因此将重心放在交易性贷款上）以及少数的国有金融机构甚至能为中小企业带来更高的贷款可获得性。这种现象表明，即使中小企业有信息不透明的问题，但大型金融机构仍然可以依靠其大规模交易性贷款业务开展过程中积累的金融科技手段来服务贷款业务进而开辟这些客户。

在我国的银行市场中，以股份制银行和城市商业银行为代表的偏小型银行由于多样化的所有制结构（特别是非公有制属性）可能在战略上更为重视开拓中小企业客户群体。尽管研究证实我国四大行在进行放贷决策时是以市场为基础的，但是仍然不能否认政治因素在四大行决策中发挥的隐性影响，而这也可能是导致四大行相对低效的一个原因。伯杰等（2007）的研究发现，市场规模结构可能对传统观点中银行大小与中小企业贷款之间联系的认知有所偏离。作为市场规模结构的衡量指标，每种类型银行在地方信贷市场占有的不同份额，可能导致银行竞争对中小企业贷款可获得性产生多样化的影响。

3.4 银行竞争与企业融资的市场势力假说

虽然已有大量研究支持信息假说，但大部分此类研究以单一国家的数据为基础建模，其衡量银行竞争与银行集中度的指标也相对粗糙，例如，直接使用 HHI 指数，抑或是利用简化方法——认为地方放松金融管制的进程会同企业结构调整等结果直接相关（但是，这种简化假设却忽视了银行竞争真正发挥作用的中间环节）。因此，本节介绍与信息假说相对立的市场势力假说。

基于市场势力假说，无关乎企业信息透明度，激化的银行竞争将导致利率水平的整体性下降与贷款可获得性的整体性提高，从而促进经济增长（Guiso et al.，2004；Benfratello et al.，2008；Amore et al.，2013；姜付秀等，2019；李波和朱太辉，2020）。特别是对于我国来说，银行竞争有助于破除腐败等引发的历史遗留问题，并将增进中小企业贷款可获得性提高。在我国，非正规渠道融资的活动比比皆是，而激化的银行竞争可以破除各类融资行为中的隐性腐败，带来利率下降与贷款可获得性提高。此外，研究证明伴随银行竞争，中小企业贷款确有增加（Shen et al.，2009；边文龙等，2017）。

第4章

银行竞争与企业融资：中国数据的实证研究

4.1 引言

如第 3 章所述，理论分析表明，银行竞争既有可能加剧信贷约束，也有可能减缓信贷约束。本章基于我国银行分支机构与中小企业调查数据，实证研究银行竞争对于中小企业融资约束的影响。

具体而言，本章通过使用近 4 000 份我国民营企业分层抽样调查数据（其中大部分调查对象都属于按照官方标准可以划归中小企业范围的企业）来研究银行竞争对于中小企业贷款可获得性的影响。我国的现状为研究银行竞争与中小企业融资缺口的关系提供了绝佳的观测场地。

本章研究发现，信贷约束状况在银行集中度偏低的区域得到有效缓解，且这一结论与市场集中度衡量指标的选取无关，即无论是使用赫希曼指数（HHI）还是基于银行分支机构分布情况衡量的前三大银行市场占有率（CR3），该结论均得以证实。我们还通过基于赫希曼指数的假设检验得到了更进一步的结论——在我国的国有四大行（全国性银行）、股份制银行（区域性银行）、城市商业银行（地方银行）这三类银行中，股份制银行在解决信贷约束问题上效率最高。总体来说，该结果证实了市场势力假说在我国的有效性。

本章的创新之处首先在于以我国为例提供了银行集中度（同时也用其衡量银行竞争的激烈程度）对中小企业信贷约束作用的实证研究。而本章也是首次以发展中国家作为此类问题研究对象。为此，我们利用收集到的中国银行分支机构情况，结合一个定量的衡量指标——融资缺口比率，来衡量企业面临的信贷约束严重程度。这种全新的定量研究将会比既往的定性研究涵盖更多的信息。

本章第二部分介绍实证研究路径，包括数据基础、研究假设与模型设定。第三部分将评估银行竞争的发展及其经济意义。第四部分将对结果进行稳健性检验。最后则是本章的总结与政策启示。

4.2 银行竞争与融资约束的实证研究路径

4.2.1 数据基础

本章使用的数据由两部分构成，分别是 2006 年收集的我国中小企业分层抽样调查数据以及手动收集的银行分支机构信息。数据的价值不仅取决于其时效性，而且取决于它们所能提供的深度和质量。正如经典的经济理论和模型能够跨越时间的限制一样，高质量的历史数据同样能够为我们提供超越时间界限的见解。2006 年的调研数据，以其覆盖面广和深入细致的特征，提供了一个难以复制的研究基础，使研究者能够深入分析和理解中国中小企业在特定历史时期的融资环境。2006 年的调查数据提供了一个关键的参照点，那时中国经济正处于加速转型的关键阶段，银行业务和中小企业的融资模式正在经历重要的变革，这些变革的轨迹和结果对于当前的市场参与者来说具有重要的启示作用，因为它们反映了中国市场在全球化浪潮和国内政策调整中的适应性，这一点对于研究者来说尤为宝贵。事实上，正是这些数据的历史性和稳定性，为我们提供了一个理解和解释现代市场变化的坚实基础。通过研究这些历史数据，我们不仅能够对已有的银行竞争与企业融资理论作出准确解释，还能更好理解当下的金融环境，进而预测未来的趋势，从而在制定战略决策时更加具有前瞻性。以下是本研究中所用到的主要数据库。

（1）中小企业调查数据

2006 年，我国实施了针对民营企业的分层抽样调查，调查涵盖了 3 837 个企业主体，覆盖 31 个省、自治区和直辖市①。Li 等（2006）采用该份调查评估企业家的政治参与度，而本章则依托该调查研究影响企业信贷约束状况的决定性因素②。在把样本中企业的销售收入同我国公布的中小企业划分标准比对后③，我们发现该调查中 97% 的企业符合该标准。因此，在排除掉调查中极少数大型民营企业的样本数据后，该项调查收集的数据可以用于研究中小企业融资问题。

该调查的主体部分是对民营企业家的背景及其他特征的统计，其中包括民

---

① 该调查由 4 个机构从 1992 年开始每两年调查一次：国家市场监督管理总局（原工商行政管理总局）、中华全国工商业联合会、中国民营经济研究会、中共中央统战部。

② Li 等（2006）的研究使用的是 2004 年的调查数据，而我们则使用的是 2006 年的数据。相较于 2004 年的数据，后者收集的银行信贷问题的相关信息更全面。每轮调查都由相同机构举办，并采用统一化的调查标准。但由于调查中并未透露企业身份编码，导致无法将 2004 年和 2006 年的数据同时作为面板数据进行分析。

③ 由于数据年份是 2006 年，按照国家经贸委、原国家计委、财政部和国家统计局 2003 年颁布的《中小企业标准暂行规定》公布的划分标准（该标准在 2011 年和 2017 年均进行过修订），工业、建筑业、交通运输业、邮政业的中小企业销售总收入应不高于 3 亿元，而批发零售业、餐饮住宿业的中小企业销售总收入应不高于 1.5 亿元。

营企业的企业类型和信贷状况等关键性问题。该调查不仅询问了企业未实际得到满足的信贷需求①，还搜集了企业的银行贷款信息、非正规渠道融资信息、企业特征、业务伙伴和其他会计数据（如股本、企业规模、净利润等）。

4 300 家中小企业被定为样本接受调查，它们约占我国中小企业总数的 0. 10%。当时的工商行政管理总局与商务部利用遍布全国的信息网络筛选出上述4 300 家企业，并各自负责了半数的调查工作。所有的调查都是由训练有素的人员同企业家或主要投资人开展面对面访谈获得的。最终，此次调查成功回收了 2 827 份问卷。

该调查采用了标准的分层抽样办法，以此来确保抽样过程的随机性。抽样对象是在分层后的各个群体中抽取固定数量的样本取得的，而这一过程也具有其科学性。第一，我国可以按照行政区域进行划分，如果更为具体，则可以细分到以城市为单位。第二，调查所选取的企业被按照城乡二元划分。第三，每个分层都被按比例分配到一定数量符合该层级特征的企业。第四，针对企业的实际选择是通过在一份企业名单中每间隔相同距离抽取一个企业的方式获得的，由此确保了其随机性。如果出现某个企业的企业家或者主要投资者无法接受采访或者拒绝接受采访，该调查会选择名单中邻近的企业作为新的调查对象。

（2）四大银行、股份制银行、城市商业银行的分支机构

四大行、股份制银行与城市商业银行拥有不同的组织架构，由此派生出不同类型的银行分支机构网络。四大行的分支机构几乎遍布我国所有的城市②；股份制银行则被允许自由地在全国设立分支机构，但它们通常拥有一个主要的业务活动区域③；而按照2006 年以前的金融监管要求，城商行只能在总部所在城市设立分支机构。因此，如果按照分支机构分布情况来分类，四大行可被视作全国性银行，而股份制银行则应被视作区域性银行，至于城商行则应被视作地方性银行。

当然，划分不仅依靠银行的分支机构情况，还基于各类银行的组织架构。四大行拥有五层组织架构：第一级是总部（四大行的总部全在北京）；第二级

---

① 该调查中是否遇到信贷约束的调查里并未区分在贷款过程中被阻拦的企业与申请贷款后被拒绝的企业，二者均被视作信贷约束发生。

② 例如，中国农业银行 2005 年年度报告指出其在我国诸多城市设立超过 28 000 家分支机构。

③ 例如，浦发银行作为一家总部设立在上海的股份制银行，把业务重心投入东部沿海地区。广发银行作为一家总部设立在广州的股份制银行，则把南方地区视作主要市场。

是省分行（涵盖 31 个地区）；第三级是城市分行（约在 354 个城市设立该组织）；第四级是县支行（约包括 2 860 个县）；第五级则是深入县域的办事处。我们以手动收集的方式从官网获得了这些信息。

12 家股份制银行拥有三层组织架构：第一级是总部，坐落于各省；第二级是城市分行；第三级是办事处。上述分支机构在监管上不存在数量上的限制。股份制银行在其规模与分支机构延展程度上与四大行相似，而它们的目标客户群体是中小企业这一点则与城商行相似。我们通过这些股份制银行的官网来获得相应数据。

最后一种类型的银行是城市商业银行，截至 2005 年，我国共存在 112 家城商行，它们拥有两层组织架构：总部以及地方分支机构。大部分城商行拥有自己的官网，因此我们得以从上面获得分支机构及其对应地址等信息。由于 2005 年以前城商行被限制在本地信贷市场开展业务，为了更为准确地还原 2005 年以前的城商行分布情况，我们排除了与总部不属于同一城市的城商行分支机构。我们的数据来自银行系统官网、年度金融报告、政府报告。

上述数据中包含了纷繁复杂的城商行分支机构信息，有赖于城商行所在地市的邮政编码，该部分数据能够得到有效整合。我们把每个城市视作拥有独立的银行市场①，并通过城市中所含分支机构数量来衡量竞争激烈程度。

由于该项企业调查实施于 2006 年，为了更好地结合该项调查研究银行竞争同中小企业融资之间的关系，我们需要收集 2006 年以前的银行分支机构分布情况。而在收集数据的过程中，我们发现了一组截然相反的趋势，从银行官网的数据来看，自 1997 年开始，四大行的分支机构不断收缩②；同时期出现的，则是股份制银行与城商行的不断扩张。在我们忽略 2006 年四大行分支机构数量变动情况的前提下，这种趋势反映出银行集中度明显降低。考虑到估算系数不断膨胀的可能性，我们之后也需要对于实证结果加以稳健性检验。

基于三类银行在各个城市的分支机构数量，我们可以分别计算衡量地方信贷市场竞争激烈程度的两个指标：赫希曼指数（HHI）与集中度（CR3）。除

---

① 由于我国银行业对于地级市实行网格化管理，本地企业一般从同市内的银行处申请贷款，即使处于两市交界地带的企业也不能免除这种隐性束缚。

② 四大行分支机构数量的减少是由于下述三点原因引起的：（1）1997 年的亚洲金融危机对于我国银行系统造成了外部冲击。（2）我国于 1998 年开始推动四大行的国有企业改革进程。（3）从 2001 年开始，伴随我国对世界贸易组织承诺中有关金融领域的协议，外资银行得以进入我国并同我国本土银行业展开竞争。由此导致在 2005 年到 2010 年，四大行大约 10% 的银行分支机构停止提供服务。

此之外，我们还将赫希曼指数同各类银行的市场占有率相结合，由此可以检验跨类型的银行竞争对于信贷约束的多元影响。

4.2.2 指标度量

（1）信贷约束的度量：信贷约束与金融缺口率

信贷约束能够被下述三个指标衡量：贷款申请率与贷款拒绝可能性（Cavalluzzo et al.，2002）、银行融资机会（Beck et al.，2007）、商业信用使用情况（Petersen & Rajan，1995）。普遍来说，信贷约束来自实际信贷供给与信贷需求之间的缺口，当该数值不为0时，表明缺口存在[①]。调查通过直接询问企业需要的贷款与实际获得贷款之间的差额——即融资缺口，来代替直接询问银行贷款申请及被拒情况的数据。

因此，我们定义一个虚拟变量（信贷约束）来表示企业是否面临融资缺口：

$$Constrained = 1,\ if\ Financing\ Gap > 0;\ Constrained = 0,\ otherwise \tag{4.1}$$

$$Financing\ Gap = Credit\ Demand\ for\ Expansion + Credit\ Demand\ for\ Operation \tag{4.2}$$

在该调查中，企业投资所需信贷额度与企业运营所需信贷额度被分别记录。前者特指用于投资和扩张的信贷需求，后者特指用于企业营运的信贷需求。上述两项指标的调查均获得了受访企业的响应，且原则上独立于之后调查中涉及的贷款余额问题。

本章的一大研究目标是基于贷款申请与贷款合同的相应信息厘清不同类型的信贷需求。Easterly（1999）从国家层面描述过金融缺口，但该定义与本章所定义的融资缺口，即需要的信贷资源与可获得的信贷资源的差额相去甚远。除此之外，Cheng 和 Degryse（2010b）还尝试通过分析我国一家银行的信用卡客户贷款申请及实际获得情况来研究信贷配给。与之思路相近的是，Kirschenmann（2010）以一家保加利亚银行的数据为基础，通过贷款的申请和获得情况来度量信贷配给的严重程度。

---

① 经合组织（OECD）编写的《中小企业融资缺口手册》强调：对于该缺口并无通行定义，但该术语基本上是指相当一部分在经济中占据重要地位的中小企业无法从银行、资本市场或其他融资渠道获得资金。此外，人们常常认为，许多面临信贷约束的企业家或中小企业将有能力并有效率地使用资金；但由于金融体系特点，正规金融体系不向这类实体开放融资服务。

尽管我们并未收集到有关贷款申请的数据，但我们收集到了截至2005年企业的未偿还贷款数据。随后，为了获得定量的融资缺口的度量，而非仅仅获得一个指标性度量，我们将类似的定义应用到企业。企业所需的投资资金可以被分解为两方面，分别是信贷余额及前文所述的融资缺口。为了深入了解企业实际投资中面临的信贷约束比例，我们设计了一种量化方法：

$$Financing\ Gap\ Ratio = Financing\ Gap / (Financing\ Gap + Credit\ Balances) \tag{4.3}$$

其中的融资缺口由式（4.2）定义。信贷余额是指企业从所能寻求的全部渠道，包括四大行、股份制银行、城商行、信用社、非正规融资渠道、个人、外资银行等获得的贷款。

相对于信贷约束这一虚拟变量，融资缺口率能对本章想要研究的问题提供更为精确的度量。Banerjee 和 Duflo（2012）的研究使用了一个与本章相近似的衡量融资缺口的变量，即信贷额度超过信贷需求的规模（该规模由信贷员根据企业销售收入进行估算）。当信贷约束这一变量被用作定性地研究企业是否遭到信贷约束的情况时，融资缺口率则被用来衡量遭到信贷约束后信贷约束的严重程度。

（2）竞争的度量：赫希曼指数与集中度

银行业的竞争水平可以通过银行在当地信贷市场中的存款、贷款或分支机构数量的市场占有率来衡量（Petersen & Rajan，1995；Bikker & Haaf，2002；Degryse et al.，2009）。尽管城市层面的存、贷款市场占有率数据极难获得，但每个城市的分行数量可以从银行网站上查询到。参考 Degryse 和 Ongena（2007）的研究方法，我们通过银行分支机构的数量对应的市场占有率来测算赫希曼指数（HHI）和集中度（CR3），进而衡量银行业竞争的激烈程度。

在计算 HHI 和 CR3 指数时，我们蕴含了所有银行分支机构的效率同质的隐性假设。但通常来说，由于股份制银行和城商行独特的所有制结构与组织结构，它们会较四大行更有效率。一方面，股份制银行和城商行在贷款利率水平的决策上拥有更大自主空间①，由此可以更为灵活地匹配企业的信贷需求，这一点对于中小企业尤为关键。另一方面，不同于四大行，股份制银行承担的社

① 对于股份制银行和城市商业银行，贷款利率的下限是基准利率的90%，而针对中小企业贷款的利率上限则没有限制。一般来说，国有银行的贷款利率也没有上限，但国有银行在贷款利率设定上的自由度比其他两类银行会更少。

会责任相对较小①，同时也能够享受全国多元化的信贷市场红利——这通常是城商行享受不到的。因此，我们认为股份制银行比四大行及城商行更高效。

为了获得股份制银行和城市商业银行的异质效应，我们将股份制银行和城市商业银行各自的市场份额定义为

$$Market\ Share\ of\ Joint\ Stock\ Banks = \sum_{j=1}^{J_i} \left(\#branch_j / \sum_{k=1}^{K_i} \#branch_k\right)^2 / HHI \tag{4.4}$$

$$Market\ Share\ of\ City\ Commercial\ Banks = \sum_{c=1}^{C_i} \left(\#branch_c / \sum_{k=1}^{K_i} \#branch_k\right)^2 / HHI \tag{4.5}$$

其中 $HHI = \sum_{k=1}^{K_i} \left(\#branch_k / \sum_{k=1}^{K_i} \#branch_k\right)^2$

式中，银行分支机构数量所含的 k、j、c 三个脚标分别对应一个城市中三种类型银行各自的数量。市场占有率衡量的是股份制银行和城市商业银行在 HHI 中所占比重。因此，我们的目标是让 HHI 和市场占有率之间保持规模一致。我们还使用了银行分支机构数量的比例作为衡量市场占有率的备选度量方法。定性来看，其结果与上述结果具有一致性，为简洁起见，此部分内容省略。

变量定义列示于表4.1。第一列是变量类别，包括本研究所使用的信贷约束度量指标、企业特定变量和集中度度量指标，而第二列列示了变量名称，第四列列示了变量定义。

表4.1　变量定义

变量类别	变量名称	描述	定义
信贷约束度量指标	*Constrained*	信贷约束	若贷款需求 >0 则取 1，否则取 0。贷款需求 = 扩张型贷款需求 + 运营型贷款需求
	Financing Gap Ratio	融资缺口率	融资缺口率 = 贷款需求/（贷款需求 + 贷款余额）。贷款余额 = 四大行贷款 + 股份制银行贷款 + 城商行与农信社贷款 + 非正规融资渠道贷款 + 私人贷款 + 外资银行贷款。若全部贷款余额子项为 0，则融资缺口率取 0，同时该值以百分比形式呈现

① 例如，出于全国统筹协调的考量，四大行会被政府要求在西部地区开设分支机构。这种以社会责任为先导的扩张可能导致四大行的盈利能力降低。

续表

变量类别	变量名称	描述	定义
企业特定变量	*SIZE*	企业规模	企业规模，由 log（1 +2004 年销售额）计算得出
	Age	企业年龄	企业年龄，由 2006 年 − 企业创立时间计算得出
	ROE	净资产收益率	净资产收益率 =2005 年税后净收入/2005 年总资产
	Partner	是否为合伙制	若为合伙制企业取 1，否则取 0
	Limited Liability	是否为有限责任制	若为有限责任制取 1，否则取 0
	Corporation	是否为公司	若为公司取 1，否则取 0
集中度度量指标	*HHI*	赫希曼指数	赫希曼指数（HHI） $= \sum_{k=1}^{K_i}(\#branch_k/\sum_{k=1}^{K_i}\#branch_k)^2$ K_i 指城市内的企业数量；i 指企业坐落的城市
	CR3	集中度指数	最大三家银行集中度 $= \sum_{n=1}^{3}(\#branch_n)/\sum_{k=1}^{K_i}\#branch_k$ $n=1, \cdots, 3$ 它们是通过银行分支机构数量判定的
	Market Share of Joint Stock Banks	股份制银行市场占有率	股份制银行市场占有率 $= \sum_{j=1}^{J_i}(\#branch_j/\sum_{k=1}^{K_i}\#branch_k)^2/$ *HHI*，*J* 指当地信贷市场股份制银行数量，K_i 指当地全部银行机构数量，i 指企业坐落的城市
	Market Share of City Commercial Banks	城商行市场占有率	城商行市场占有率 $= \sum_{c=1}^{C_i}(\#branch_c/\sum_{k=1}^{K_i}\#branch_k)^2/HHI$， *C* 指当地信贷市场城商行数量，$K_i$ 指当地全部银行机构数量，i 指企业坐落的城市

（3）研究假设

本章检验了信息假说与市场势力假说两种对立的理论对于贷款可获得性的实际影响。如前文所述，信息假说认为，激化的银行竞争将导致信息不透明企业的贷款难以被银行内部化处理，而这将导致之前能够享受贷款内部化红利的企业丧失红利，并直面信贷约束困境（Petersen & Rajan，1995）。市场势力假说认为，无关乎企业信息透明度，激化的银行竞争将导致贷款市场利率的普遍降低，并同时增进全体企业的贷款可获得性（Carbo − Valverde et al.，2009）。

本章提出更多的银行竞争会提高企业贷款可获得性或减少信贷约束的假设，把市场势力假说作为原假设与信息假说进行对比。在市场势力假说的理论中，竞争更为激烈的银行市场将会减少信贷约束，即更低的 HHI 和 CR3 指数会带来更低的信贷约束发生可能性和更低的融资缺口率。

我们提出本章第 1 个假设：

假设 1：银行竞争激化带来信贷约束减少。

银行竞争水平将用 HHI 与 CR3 两项指标衡量，信贷约束则用信贷约束和融资缺口率两项指标衡量。因此，假如市场势力假说成立，HHI 与 CR3 将与信贷约束水平正相关，否则拒绝原假设。

考虑银行类型异质性，我们提出本章第 2 个假设：

假设 2：相较于四大行，股份制银行、城商行对于信贷约束减少具有更显著的作用。

式（4.4）与式（4.5）是加入市场占有率因素的赫希曼指数[①]，它将被用于衡量股份制银行与城商行的竞争程度。如果在银行竞争的过程中，股份制银行与城商行的确能够比四大行更有效率地助力中小企业破除融资约束并推动四大行发展面向中小企业的关系型贷款，则交互项系数应该呈现正相关关系。除此之外，由于股份制银行得以享受在全国市场活动带来的红利，因此它很可能在与城商行的竞争中处于优势地位。因此，假如股份制银行在缓解信贷约束上比城商行更有效率，则其关于市场占有率的交互项系数应该大于城商行关于市场占有率的交互项系数。

（4）经济模型

为了检验上述两项假设，我们构建了银行竞争效应对于中小企业融资约束影响的线性模型：

$$Credit\ Constraint\ Measures_i = \beta_0 + \beta_1 Concentration_i + \sum_l \gamma_{il} Control_{il} + \sum_j \theta_j Industry_j + \sum_k \varphi_k Region_k + \varepsilon_i \quad (4.6)$$

① 股份制银行与城商行的竞争会通过两种路径影响中小企业融资。第一，由于这两类银行具有更为扁平化的组织架构，它们能够更为精确地直接向中小企业投放贷款。第二，上述两类银行能对四大行起到拉动作用，倒逼四大行面向中小企业发展关系型贷款，进而增加中小企业贷款的可获得性。但是，本章无法明确划分开两种影响机制各自的作用效果。因此，通过引入 HHI 和这两类银行的市场占有率的交互项，我们获取了股份制银行和城市商业银行的存在对中小企业融资的聚合效应。

衡量信贷约束的指标是信贷约束与融资缺口率变量；衡量银行竞争程度的指标是 *HHI* 和 *CR*3。企业的特征，诸如企业规模、企业年龄、净资产收益率，被定义为企业的特定控制变量，而是否是合伙制企业、有限责任公司或个人独资企业，则被定义为虚拟变量。

由于小企业通常缺乏正规的金融渠道，因此会面临更高的信贷约束可能性（Beck & Demirgüç - Kunt，2006；Kumar & Francisco，2005）。Winker（1999）的研究发现年轻企业更容易面临信贷配给。因此，本章的研究控制了企业的规模和年龄。内部融资渠道同样可能有助于缓解企业的信贷约束（Guariglia et al.，2011）。为此，我们添加了 *ROE*（资产净收益率）作为衡量内部融资能力的指标，并假设更高的 *ROE* 对应更低的信贷约束。但是，我们注意到 *ROE* 不仅仅反映了企业的内部融资能力，高 *ROE* 的企业往往对应更高的增长机会，并可能由此引起更多的投资类贷款需求，进而面临信贷约束。因此，*ROE* 的作用效果就模糊不清，后文会对 *ROE* 的实质效果作进一步论述。我们还将企业登记的类型涵盖在模型中，因为有限责任公司通常比合伙企业与独资企业更容易获得正规渠道融资。最后，我们构建了一套完整的行业和区域虚拟变量，以解释潜在的观测值、被忽略的观测值和区域异质性。

为了深入了解企业是否面临信贷约束，我们在式（4.6）中使用了 Probit 模型。针对融资缺口率这一取值为 0 到 1 的连续变量，我们使用 Tobit 模型来解释。

4.3 银行竞争对中小企业融资约束的影响

4.3.1 实证结果

表 4.2 中呈现描述统计量：信贷约束指标、解释变量与控制变量。

表 4.2 描述性统计量

变量类别	变量名称	N	Mean	Median	Std. Dev.	Min	p25	p75	Max
信贷约束	*Constrained*	1 519	0.8170	1	0.3868	0	1	1	1
度量指标	*Financing Gap Ratio*	1 519	0.6422	0.7534	0.3673	0	0.4167	1	1

续表

变量类别	变量名称	N	Mean	Median	Std. Dev.	Min	p25	p75	Max
解释变量	*Size*	1 519	15. 5403	15. 6073	2. 0247	0	14. 3977	16. 9066	19. 5082
	Age	1 519	7. 6616	7	4. 2425	2	4	10	21
	ROE	1 519	0. 2971	0. 1200	0. 5408	-0. 3830	0. 0385	0. 3058	3. 8000
	Partner	1 519	0. 0586	0	0. 2349	0	0	0	1
	Limited Liability	1 519	0. 6728	1	0. 4693	0	0	1	1
	Corporation	1 519	0. 0573	0	0. 2324	0	0	0	1
	HHI	1 519	0. 2169	0. 2000	0. 0753	0. 1011	0. 1718	0. 2613	0. 7813
	CR3	1 519	0. 6919	0. 6746	0. 1157	0. 4118	0. 6174	0. 7941	1
	Market Share of Joint Stock Banks	1 519	0. 0300	0. 0183	0. 0324	0. 0000	0. 0003	0. 0439	0. 2525
	Market Share of City Commercial Banks	1 519	0. 0635	0. 0232	0. 0895	0. 0000	0. 0044	0. 1012	0. 4214

从均值来看，信贷约束指标达到82%，而融资缺口率指标达到64%①。这意味着，82%的企业实际面临了信贷约束，同时企业信贷需求的64%无法得到实际满足，这也与现实中中小企业面临信贷约束的状况相一致。*HHI* 的平均值是0. 22，*CR*3 的平均值是0. 69②。因此，我国相较于其他国家拥有较高的银

① 本章计算得到的面临信贷约束企业的比率与遭受信贷约束的强度（融资缺口率）显著高于其他针对主要工业国的相关数据。我们对于这一现象进行如下解释说明。既往研究主要通过分析贷款申请与遭拒绝情况来获取信贷约束的情况。例如，Cheng 和 Degryse（2010b）的研究基于我国的贷款申请表数据，发现34%的样本企业面临信贷约束。而本章研究使用的调查数据与之前研究使用的调查数据有本质不同。我们的调查是基于询问企业实际所需的投资资金与运营资本情况，而这一过程中不少受访者可能因为早早地产生了会被银行拒绝贷款申请的失望预期而放弃了寻求贷款（Cole，2010）。因此，由于研究中涵盖了失去信心的借贷人，结果上所反映的信贷约束问题就会更为严峻。Banerjee 和 Duflo（2012）基于1999 年印度数据的研究发现77%的贷款人达到或超过其信用额度，而所有信用额度中的60%是低于银行根据公司销售额评估的最高信用限额（特别需要指出，最高信用额度的计算包含了失去信心的借贷人）。我们的数据得以通过与我国类似的发展中国家的实际情况，例如印度正面临着较发达国家更为严重的信贷约束问题得到验证。由于失去信心的借款人同样是金融与经济发展政策制定中的重要考量，将失去信心的借贷人包含其中的变量较传统的衡量信贷约束的变量对于发展中国家具有更为直接的解释优势。

② 2006 年全国的 HHI 指数为0. 18，全国的 CR3 指数为0. 66。354 个城市 HHI 的全国性平均值是0. 31，而 CR3 全国性平均值是0. 80。Scott 和 Dunkelberg（2010）报告了基于美国的样本数据取得的全国性 HHI 平均值为0. 24，标准差为0. 15，这与我们数据集中的值相当。

行市场集中度①。此外，在 *HHI* 指标中股份制银行贡献了 3.00%、城商行贡献了 6.35%，而这代表我国银行分支机构所能触及的广袤土地上，四大行仍然占据绝对性的主导地位。

（1）银行竞争的经济意义

基于市场势力假说与信息假说两种不同理论，银行竞争会带来不同的效果。一方面，基于描述信贷约束的因变量，我们研究中小企业面临信贷约束的可能性；另一方面，基于融资缺口率这一因变量，我们研究中小企业面临信贷约束的强度。前者是定性的描述，后者则是定量的描述。*HHI* 与 *CR*3 同时被选取作为研究银行集中度的度量指标，并在此基础上深入研究不同类型银行的 *HHI* 与随之可能出现的多元化影响。为了排除潜在内生性的干扰，我们采用工具变量估算的方法。

（2）信贷约束

因变量在信贷约束存在时取 1，不存在时取 0。表 4.3 的模型 1 基于 Probit 模型来衡量银行竞争对于信贷约束发生可能性的影响。*HHI* 从四分之三分位数变动到四分之一分位数，将降低 5.6% 信贷约束发生的可能性。与之相类似的，在模型 2 中，如果 *CR*3 指数从四分之三分位数变动到四分之一分位数，将降低 5.4% 的信贷约束发生可能性。该结果表明，更多的银行竞争，即更低的 *HHI* 或 *CR*3 指标，对应更低信贷约束发生的可能性。同时，即使衡量银行竞争的度量指标发生变化，更多银行竞争对应更低信贷约束发生可能性的关系始终存在，足以证明该结构具有稳健性。

表 4.3　集中度的影响（Probit 模型和 Tobit 模型估计）

变量	信贷约束		融资缺口率	
	(1) *Probit*	(2) *Probit*	(3) *Tobit*	(4) *Tobit*
HHI	0.6309*** [0.237]		0.8581*** [0.255]	
*CR*3		0.3109** [0.135]		0.3676** [0.167]

① Bikker 和 Haaf（2002）的研究利用 1997 年银行资产数据对 23 个国家的 HHI 进行了测算。美国拥有最低的 HHI（CR3）指数，为 0.02（0.15）；瑞士则拥有最高的 HHI（CR3）指数，为 0.26（0.72）。东亚国家中，韩国的 HHI（CR3）指数为 0.11（0.45），日本的 HHI（CR3）指数为 0.06（0.39）。

续表

变量	信贷约束		融资缺口率	
	(1)	(2)	(3)	(4)
	Probit	*Probit*	*Tobit*	*Tobit*
Size	0.0099 *	0.0092	-0.0203 **	-0.0218 **
	[0.006]	[0.006]	[0.009]	[0.009]
Age	0.0025	0.0024	0.0025	0.0022
	[0.003]	[0.003]	[0.006]	[0.006]
ROE	-0.0364 *	-0.0358 *	0.0027	0.0030
	[0.021]	[0.021]	[0.034]	[0.034]
Partner	-0.0536	-0.0559	-0.1909 **	-0.1956 **
	[0.062]	[0.062]	[0.076]	[0.076]
Limited Liability	0.0324	0.0308	0.0522	0.0463
	[0.042]	[0.043]	[0.065]	[0.066]
Corporation	-0.0218	-0.0240	-0.0441	-0.0494
	[0.060]	[0.061]	[0.087]	[0.087]
Constant	—	—	0.9297 ***	0.8972 ***
	—	—	[0.221]	[0.250]
Industry Dummies	YES	YES	YES	YES
Regional Dummies	YES	YES	YES	YES
Observations	1 519	1 519	1 519	1 519
Pseudo R^2	0.047	0.045	0.018	0.016

注：*** 表示在1%的水平上显著，** 表示在5%的水平上显著，* 表示在10%的水平上显著，后同。

表4.3的模型1中还反映了另一个结果：公司的规模与企业面临的信贷约束可能性呈正相关。这种结果与规模更小的企业更容易面临信贷约束的寻常认知相悖。针对这一结果，我们提出了两种可能的解释。一个解释是，我国存在多样化的融资渠道与治理机制，企业资金来源不仅仅是依靠银行，还可以借助关系网与企业隐含的信誉。例如向家庭成员、朋友、投资者获取借款；而非公领域的发展主要是由这些中小企业拉动，代表我国中小企业具有增长潜力，可以被视作值得投资的对象。因此，当面临可能出现的融资需求时，中小企业能够依托上述非正规金融渠道自行解决，从而缓解信贷约束问题。另一个较合理的解释是，贷款可获得性测量是不得不面对的非连续性，对于一个规模小的民

营企业，其投资机会并非时刻存在（具有极高的不确定性），也无须时刻去银行申请贷款，申请贷款的次数整体性降低，由此可能引发较低的信贷约束发生概率。

在该模型中 *ROE* 指标呈现显著负相关，表明那些高盈利能力企业面临较低信贷约束发生可能性（因为这类企业拥有更多元的融资方式，例如更容易进行内部融资）。至此，前文中论述的 *ROE* 作为一项指标蕴含的不确定的双重影响，即既影响企业内部融资能力，也会影响企业投资与增长机会可以有一个定论。影响企业的内部融资能力是 *ROE* 带来的双重影响中占主导地位的一方。

企业年限对于遭遇信贷约束的可能性并无影响。一个原因可能是受访企业普遍年轻，因此导致样本受限（该调查中受访企业年龄最高为 21 年，中位数为 7 年）。企业注册的类型并不具有独立的显著性，在 F 检验下，企业类型的 P 值为 0.1029，表明企业类型同信贷约束发生可能性间仅有微弱关系。

（3）融资缺口率

融资缺口率是对企业信贷约束定量的研究指标。当前大多数研究聚焦于企业是否面临融资约束，却鲜有对信贷约束严重程度的定量研究。幸运的是，我们使用的数据足以支撑对于银行竞争与信贷约束之间的关系进行定量研究。

融资缺口率的取值在 0 到 1 之间。一个左右阈值分别为 0 和 1 的 Tobit 模型可以用来对该变量进行分析。表 4.3 中的模型 3 与 4 即是将融资缺口率视作因变量的回归结果。*HHI* 在 Tobit 模型中处于 1% 显著水平，同模型 1 中的结论相吻合。在模型 3 中，如果 *HHI* 从四分之三分位数移动到四分之一分位数，则融资缺口率下降 7.68%。模型 4 是以 *CR*3 为指标的回归结果，同样具有 5% 的显著水平。在此基础上，*CR*3 指数从四分之三分位数移动到四分之一分位数，将引起融资缺口率下降 6.50%。上述结果表明，银行竞争度量指标的选取，并不改变银行竞争对信贷约束的影响。总的来看，银行竞争不仅降低了信贷约束发生的可能性，还降低了当信贷约束真实发生时的强度。上述结果同时具有经济学意义与统计学意义上的显著性。

通过控制变量的估算系数，我们还可以得到下述结论。企业规模与融资缺口率负相关，这与典型事实相一致。但这一负相关关系仅存在于信贷约束的严重程度，而不存在于信贷约束发生的可能性。另外，表 4.3 的模型 3 和模型 4 反映出合伙制企业会有较低的融资缺口率。我们对于这一结论提出如下可能解释：不同于个人独资企业缺乏正规融资渠道，股份制公司缺乏非正规融资渠道，合伙制企业可以游走于两种渠道之间，进行最优的融资决策，能有效缓解信贷约束。由于 *ROE* 同时反映增长机会与信贷需求，我们发现更高的 *ROE* 同时对应更大的融资缺口率与更小的信贷约束发生概率。因此，模型 1 和模型 2 中的异常可能是因为样本中存在一批高收益率且无信贷约束的企业。

（4）多样化的银行竞争

我国不同类型的银行间相互竞争可能对中小企业融资问题产生多元化的影响。普遍来说，四大行在竞争中小企业客户过程中的能力较弱，而其存在也可能破解中小企业信贷约束难题中的低效率。多元化的结果可以通过加入股份制银行与城商行的 *HHI* 与市场占有率的交互项影响来研究①。

表 4.4 的模型 1 展示了在减少信贷约束这一问题上，股份制银行最有效率、城商行次之、四大行更次之。

为了解释银行竞争的异质性边际效用隐含的经济学意义，我们将做进一步阐释。在回归结果中，其表现形式见表 4.4 模型 1：如果股份制银行的市场占有率从 0 上升至其平均值，则 *HHI* 的边际效用提升 23.65%；如果城商行的市场占有率从 0 上升至其平均值，则 *HHI* 的边际效用提升 7.50%。短期来看，在减少中小企业面临的融资约束方面，股份制银行最有效率，四大行最缺乏效率。

在表 4.4 的模型 2 中我们同样检验了融资缺口率的异质效应。*HHI* 的系数为正且处于 1% 显著水平，同时交互项显著正相关。上述结果表明股份制银行与城商行在减少融资缺口率中比四大行更有效率。此外，股份制银行 *HHI* 和市场占有率之间的交互项系数高于城商行 *HHI* 和市场占有率之间的交互项系数，因此我们认为股份制银行比城商行更有效率。

银行业竞争对融资缺口率的异质效应也具有经济学意义。如果股份制银行与城商行的市场占有率从 0 升至样本平均值，*HHI* 的边际效应将增加 29.78，或者说增加 7.25%。

---

① 相较于集中度指数，HHI 指数蕴含了更多信息。Bikker（2004）的研究表明，集中度指数忽略了小型银行的存在，而 HHI 在计算过程中将这类银行涵盖其中。在集中度较高的银行市场中，这种忽略的后果极为严重，因为那些规模较小的银行的动态无法被集中度所捕获。而我国的 CR3 指数高达 69%，证明银行业处于高集中度状态。特别是，最大的三家银行常常是国有银行，导致其他两种类型银行并未涵盖，因此 HHI 蕴含更多的信息量。因此，我们放弃了 CR3 指数，并从此处开始仅把 HHI 作为研究银行集中度的指标。不过，我们在未列示的表格里同样进行了 CR3 的稳健性检验，而其结果与 HHI 的稳健性检验结果定性上相一致。

我们还使用股份制银行和城市商业银行的比例作为更直观地衡量市场占有率的指标。尽管存在可能是由于市场占有率同 *HHI* 搭配比例的变化带来的显著性变化，但我们仍然发现了近似的定性结果。

表 4.4　集中度的多元化效果：基于 Tobit 模型的估计

变量	信贷约束 (1) *Probit*	融资缺口率 (2) *Tobit*
HHI	1.0673 *** [0.332]	1.4591 *** [0.336]
HHI × Market Share of Joint Stock Banks	8.4138 * [4.874]	14.4924 ** [6.079]
HHI × Market Share of City Commercial Banks	1.2616 ** [0.590]	1.6667 ** [0.739]
Size	0.0125 ** [0.006]	-0.0155 * [0.009]
Age	0.0020 [0.003]	0.0014 [0.005]
ROE	-0.0366 * [0.021]	0.0034 [0.034]
Partner	-0.0403 [0.061]	-0.1669 ** [0.077]
Limited Liability	0.0378 [0.040]	0.0634 [0.062]
Corporation	-0.0199 [0.060]	-0.0376 [0.087]
Constant	— —	0.6561 *** [0.238]
Industry Dummies	YES	YES
Regional Dummies	YES	YES
Observations	1 519	1 519
Pseudo R^2	0.057	0.023

总的来看，不同类型银行 *HHI* 的边际效应不同，且同时作用于信贷约束可能性和融资缺口规模。在三种类型的银行里，股份制银行的边际效用最佳，而四大行在减少信贷约束发生可能性与融资缺口规模上的边际效应低于城商行。

(5) 关系型贷款机制与价格机制的对比

银行竞争可以通过促进关系型贷款发展的方式增加信贷可获得性（Degryse & Ongena，2007），当然，还有降低贷款利率这一机制。银行竞争与中小企业融资的正相关可能是两种机制共同作用的结果。接下来，我们将对两种机制的实际效果作进一步区分。

由于小企业和年轻企业的信息不透明程度较高，它们更有可能参与关系型贷款。假如银行竞争对信贷可获得性的影响是依托关系型贷款扩张的路径实现的，我们有理由预测小企业和年轻企业相较于较大规模的企业和成熟企业会受到更大的影响。我们加入了同企业规模和年龄相关的集中度度量的交互项。上述结果如表 4.5 所示。

表 4.5 关系型贷款与价格机制效果对比：多元化的企业规模与年龄

变量	信贷约束		融资缺口率	
	(1) *Probit*	(2) *Probit*	(3) *Tobit*	(4) *Tobit*
HHI	-1.5676 [1.158]	0.4245 [0.462]	-1.5918 [2.130]	0.4080 [0.550]
HHI × Size	0.1478* [0.077]		0.1637 [0.135]	
HHI × Age		0.0286 [0.049]		0.0640 [0.069]
Size	-0.0196 [0.016]	0.0099* [0.006]	-0.0545* [0.029]	-0.0202** [0.009]
Age	0.0024 [0.003]	-0.0034 [0.011]	0.0024 [0.006]	-0.0114 [0.018]
ROE	-0.0361* [0.021]	-0.0368* [0.021]	0.0030 [0.034]	0.0017 [0.034]
Partner	-0.0584 [0.061]	-0.0539 [0.062]	-0.1947*** [0.075]	-0.1911** [0.077]
Limited Liability	0.0282 [0.043]	0.0320 [0.042]	0.0479 [0.065]	0.0514 [0.065]
Corporation	-0.0262 [0.062]	-0.0210 [0.061]	-0.0471 [0.087]	-0.0420 [0.087]

续表

变量	信贷约束		融资缺口率	
	(1)	(2)	(3)	(4)
	Probit	*Probit*	*Tobit*	*Tobit*
Constant	—	—	1.4489***	1.0194***
	—	—	[0.494]	[0.249]
Industry Dummies	YES	YES	YES	YES
Regional Dummies	YES	YES	YES	YES
Observations	1 519	1 519	1 519	1 519
Pseudo R^2	0.050	0.048	0.019	0.019

表4.5的模型1展示了交互项在统计学上是正相关的，这与小企业更可能开展关系型贷款的认知相悖。看起来更大的企业好像会更容易受到竞争的影响①。除此之外，表4.5的模型2表明，年轻企业对于银行竞争的反应并未更加敏感，同样与传统的关于关系型贷款的认知不符。当我们在表4.5的模型3和模型4中观测企业规模与年龄对融资缺口率的异质效应时，得到了类似的结果。

总的来说，在银行竞争领域，没有一致性的证据表明企业规模和年龄对其存在异质效应，这就排除了关系型贷款的影响。因此，银行竞争带来的信贷约束可能性降低必须通过价格渠道，或者更确切地说，更低的贷款利率来实现。银行业竞争可能直接带来利率的降低从而增加信贷可获得性，或者产生间接影响，例如降低提供给信贷员的隐性成本，不幸的是，后一种路径在我国可能相当普遍。

4.3.2 内生性问题

尽管激化的银行竞争有助于解决中小企业信贷约束问题，但是反向作用同样存在——当一个地区拥有诸多面临信贷约束的企业时，银行会受到这些潜在客户的吸引进入该地区进而激化该地区的银行竞争。这种反向的作用可能导致对式（4.6）的解释存在内生性问题。

① 表4.5模型1中*HHI*的系数为−1.57，且当企业规模小于10.60时，边际效用为负。只是，很少有观测结果属于*HHI*的负边际效应范围内。因此总体来看，较大规模的企业会从银行竞争中受益更多。

我们使用省内相邻城市的集中度指数平均值来测量中心城市集中度指数。在遵循每个城市拥有独立割裂信贷市场的理论的前提下，由于跨城市的贷款业务会面临高昂的交易成本和信息成本，因此邻近城市的集中度指数并不会影响中心城市的中小企业融资[①]。

本章接下来的部分将会对现实同理论的可能偏差进行依次论述。四大行的分支机构几乎遍布全国各个城市，但各个城市之间有明确的业务分工。因此，如果一个企业想要向四大行申请贷款，只能够前往四大行设立在当地的分支机构申请。另外，城市商业银行由于无法在总部所在地的城市之外设立分支机构，因此同样无法服务其他地方的信贷市场。

只有股份制银行的分支机构一方面被监管允许，另一方面也有能力向其注册地以外的企业发放贷款。这些股份制银行的活动可能因此打破城市间市场的割裂状态[②]。Petersen 和 Rajan（2002）的研究发现，在美国，由于贷款业务的技术创新，银行同小企业的距离提升了。除此之外，Degryse 和 Ongena（2007）的研究发现激化的竞争会导致银行自身的转型，例如在发展关系型贷款业务进程中争取获得企业软信息等行为；而 Agarwal 和 Hauswald（2010）的研究发现借款人空间上的邻近通常有利于本地资源软信息的收集。

自 1997 年亚洲金融危机以来，我国银行业面临竞争的激化，为了获得软信息并借此发展关系型贷款业务，股份制银行可能更多地聚焦本地企业。Berger 等（2010）的研究表明，在我国，银行的地域多元化与高昂的成本挂钩，这可能表明股份制银行以特定地区为核心开展业务是更为有效的。因此，即使股份制银行的分支机构能够跨城市开展贷款业务，但城市之间的业务割裂依然客观存在，这导致邻近城市银行集中度同中心城市的中小企业融资不相关。

与之相反的是，银行集中度指数可能与邻近城市集中度指数的取值相关联。通过在外开设新的分支机构的方式，银行得以从竞争白热化的城市向竞争者较少的城市转移，而这会深刻地影响当地的银行集中度指数。此外，邻近城

① 在我国，两座城市的平均距离约为 80 千米。在如此遥远距离的制约下，中小企业不太可能从其他城市的各类融资渠道获得贷款，进而促使周边城市的银行集中度与中心城市的中小企业融资不相关。

② 一般而言，如果股份制银行在企业所在城市设有分支机构，则企业应该前往本地支行办理贷款业务。若是城市中不存在该银行的分支机构，则会划拨临近城市的支行负责该笔业务。这可能是当前最有机会打破各个城市信贷市场割裂的事情。

市政府监管的相似性也会导致集中度指标之间可能存在相关性。因此，我们认为邻近城市的平均集中度指数同当地的银行集中度指数相关，但其与中小企业信贷约束不相关，这种性质可以让该指标成为有效的工具变量。

表4.6中呈现的是基于线性模型对*HHI*的工具变量回归的结果[①]。表4.6模型2反映出对于信贷约束，*HHI*处于1%显著水平。其系数的大小略大于模型1中OLS模型获得的系数大小[②]，表明工具变量涵盖了部分*HHI*指数的变化。除此以外，模型3作为第一阶段回归，其F值大于10。另外Cragg-Donald F检验处于1%的显著水平，表明邻近城市的*HHI*平均值对于中间城市的*HHI*是一个强工具变量[③]。工具变量回归在处理了内生性问题的基础上，证实了银行竞争激化能够降低信贷约束发生的可能性。

我们对于融资缺口率同样进行了工具变量回归。表4.6中的模型5和模型6给出了用所有邻近城市的平均值测量集中度指标的工具变量估算。模型5的*HHI*系数处于5%显著水平，且其系数略大于模型4中OLS模型的系数，这证实了激化的银行竞争将会降低融资缺口率。除此之外，模型6作为第一阶段回归，其F统计量大于10。因此，工具变量回归得以证实激化的银行业竞争能够带来更低的融资缺口率这一结论的稳健性。

表4.6　工具变量回归：HHI平均值是同省内邻近城市HHI的平均值

变量	信贷约束			融资缺口率		
	(1)	(2)	(3)	(4)	(5)	(6)
	OLS	*IV*		*OLS*		*IV*
		第二阶段	第一阶段		第二阶段	第一阶段
HHI	0.5264***	0.7031***		0.4396***	0.5695**	
	[0.186]	[0.246]		[0.129]	[0.272]	
Average HHI of Neighboring Cities			0.0033***			0.0033***
			[0.0004]			[0.0004]

① 我们同样对*CR3*开展了相似的检验，其结果定性来看与*HHI*的结果一致。

② 由于在工具变量回归环节使用的是线性模型，我们复制了一份OLS结果用于比较，详情见表4.6的模型1和模型4。

③ 工具变量与第一阶段回归残差间的相关系数接近于零，且不具有显著性。我们也尝试将工具变量直接纳入第二阶段回归作为附加的解释变量，但其系数还是接近于零且不具有显著性。而这一结果与对于融资缺口率的工具变量回归相一致。这一证据支持了工具变量的外生性特征。

续表

变量	信贷约束			融资缺口率		
	(1)	(2)	(3)	(4)	(5)	(6)
	OLS	*IV*		*OLS*		*IV*
		第二阶段	第一阶段		第二阶段	第一阶段
Size	0.0108	0.0113*	-0.0018**	-0.0101*	-0.0097*	-0.0018**
	[0.007]	[0.007]	[0.0009]	[0.005]	[0.005]	[0.0009]
Age	0.0022	0.0023	-0.0005	0.0023	0.0024	-0.0005
	[0.003]	[0.003]	[0.0004]	[0.003]	[0.003]	[0.0004]
ROE	-0.0392	-0.0387	-0.0018	-0.0026	-0.0022	-0.0018
	[0.026]	[0.026]	[0.0025]	[0.019]	[0.018]	[0.0025]
Partner	-0.0635	-0.0614	-0.0114*	-0.1188***	-0.1173***	-0.0114*
	[0.063]	[0.062]	[0.0062]	[0.045]	[0.044]	[0.0062]
Limited Liability	0.0283	0.0318	-0.0190***	0.0280	0.0306	-0.0190***
	[0.043]	[0.043]	[0.0043]	[0.038]	[0.039]	[0.0043]
Corporation	-0.0229	-0.0206	-0.0097	-0.0314	-0.0296	-0.0097
	[0.060]	[0.060]	[0.0078]	[0.053]	[0.053]	[0.0078]
Constant	0.6634***	0.6085***	0.2812***	0.7678***	0.7274***	0.2812***
	[0.127]	[0.142]	[0.0205]	[0.124]	[0.146]	[0.0205]
Industry Dummies	YES	YES	YES	YES	YES	YES
Regional Dummies	YES	YES	YES	YES	YES	YES
Observations	1 519	1 519	1 519	1 519	1 519	1 519
R^2	0.044	0.043	0.060	0.039	0.039	0.060
First Stage F - Statistic	—	—	15.47***	—	—	15.47***
Cragg - Donald F - Statistic	—	—	182.20***	—	—	182.20***

为了进一步检验工具变量的有效性，我们还使用邻近城市的 *HHI* 与 *CR*3 平均值来度量城市的 *HHI*，并进行了过度识别检验。在本章未列示的一个列联表中，Hansen J 统计下获得的信贷约束变量的 P 值为 0.19，而融资缺口率变量的 P 值为 0.89，二者表明我们无法拒绝原假设，由此证明工具变量的有效性。

总而言之，本章的结果并不因处理潜在内生性问题而发生改变。因此，我们可以证实银行竞争的确能够通过降低信贷约束发生可能性与降低信贷约束实际发生后的规模来减少信贷约束。

4.4 银行竞争影响的稳健性检验

Degryse 和 Ongena（2007）的研究表明在市场集中度与关系型贷款之间存在“U”形关系曲线，Presbitero 和 Zazzaro（2011）基于信贷市场的组织结构对于这一现象给予了解释。Elsas（2003）的研究发现，在地方信贷市场中，银行集中度与关系型贷款发生的可能性之间存在非单调的关系。具体来说，在中低集中度水平的银行市场中关系型贷款会减少，在高集中度的银行市场下关系型贷款会增加。通过引入平方项，我们将尝试检验银行竞争与信贷可获得性之间的潜在非线性关系。

上述检验结果详见表 4.7。尽管 *HHI* 具有 5% 的显著水平，但其平方项很遗憾不具有显著性。这表明集中度指数有很大可能与贷款可获得性不存在非线性关系。不过，表 4.7 中的模型 2 则展现了 *HHI* 的平方项同融资缺口具有 5% 的显著性水平。模型 2 中的 *HHI* 转折点是在 0.046。但与之前学界认知相悖的是，在样本组成的数据集里，我们并未观测到 *HHI* 与融资缺口率存在“U”形关系，即融资缺口率在 *HHI* 上升时单调增加。总的来说，银行竞争看起来同信贷约束发生可能性及融资缺口规模存在非线性的影响。

表 4.7 银行竞争的非线性影响

变量	信贷约束	融资缺口率
	(1)	(2)
	Probit	*Tobit*
HHI	0.1896	-0.1727
	[0.914]	[0.547]
HHI - Squared	0.9355	1.8148**
	[1.774]	[0.717]
Size	0.0101*	-0.0198**
	[0.006]	[0.009]
Age	0.0025	0.0026
	[0.003]	[0.006]
ROE	-0.0364*	0.0030
	[0.021]	[0.034]

续表

变量	信贷约束	融资缺口率
	(1)	(2)
	Probit	*Tobit*
Partner	-0.0542 [0.061]	-0.1899 ** [0.077]
Limited Liability	0.0307 [0.042]	0.0506 [0.065]
Corporation	-0.0227 [0.060]	-0.0436 [0.086]
Constant	— —	1.0513 *** [0.227]
Industry Dummies	YES	YES
Regional Dummies	YES	YES
Observations	1 519	1 519
Pseudo R^2	0.047	0.019

最后需要说明的是样本的选取工作。在调查获得的3 837份样本中，我们最终仅仅选取了1 519份样本用于研究分析。样本筛选的首要原则是基于研究所需变量信息的完整性。同时，我们运用了赫克曼（Heckman）选择模型来锁定潜在偏差。一份未在本章列出的线性模型将首席执行官（CEO）年龄定为自变量，并由此发现年龄偏大的CEO对于企业类型拥有更为精确的把握，并愿意同调查人员交流企业信息。但是，尽管逆米尔比率的估算系数具有显著性，*HHI*始终保持统计学上的显著性，且其重要性（对于信贷约束达到0.53，对于融资缺口率达到0.43）同基准回归模型的系数相似（在OLS模型中，对信贷约束的重要性是0.53，对融资缺口率的重要性是0.44）。上述结果可详见表4.6的模型1和模型4。这表明样本选择的差异不太可能导致结论发生重大变化。

4.5 银行竞争与企业融资的结论与政策启示

银行竞争可以通过降低信贷约束的发生概率以及降低信贷约束的严重程度的双重影响机制来助力中小企业融资。当前大量研究证明了信贷约束在企业融资时出现的可能性，却鲜有研究指向信贷约束发生后企业面临的融资缺口规模。我们利用中国中小企业调查数据来同时研究银行竞争在减少中小企业面临信贷约束的可能性和即使遭到信贷约束后减缓信贷约束严重程度的作用。

首先，我们的研究有力地对既往研究做了进一步的扩展，本章通过对不同类型银行集中度进行测量以及采用辅助工具变量估算的方式，证明在中小企业面临的信贷约束问题中，银行竞争可以促进该问题的解决。其次，我们深入分析了既往研究中近乎空白的领域——越发激烈的银行竞争同样与更低比例的融资缺口密切相关。最后，我们还发现，相较于四大国有银行，股份制银行在减少中小企业面临信贷约束发生的可能性以及在减缓信贷约束发生后的严重程度上的作用都更明显。换言之，不同类型的银行开展竞争会为中小企业面临的信贷约束带来多元化的效果。

尽管基于信息假说，在信贷市场高度集中的条件下，信贷供给方更可能会向面临融资约束的企业提供贷款（Bergstresser，2010；Fischer，2000；Petersen & Rajan，2002），但基于我国的实证研究证明了与信息假说相对立的市场势力假说的有效性。由于发展中国家内化关系型贷款并带来红利的过程极为困难，因此在以我国为代表的国家中，交易性贷款会更为普遍。本次基于我国的实证研究质疑了针对高经济增长率与相对匮乏的金融体系并行的发展中国家的银行市场结构与信贷约束的传统学界认知。为了助力我国中小企业融资，本章得出的一个政策建议是鼓励以股份制银行为代表的，兼具视中小企业为潜在客户群体的、能够多地区开辟业务的区域性银行的发展。

未来，在本章定量研究信贷约束的基础上，应该对于银行竞争影响贷款利率的路径作进一步研究。因为针对利率变化的深入研究将有助于解释银行竞争对信贷约束的作用机理，特别是信息假说中提到的关系型贷款面对价格机制作出的调整。鉴于本章所使用的调查数据并未收集到利率信息，我们只得将此项任务留待后继者探索。

第5章
银行竞争与产业转型升级：理论论述

5.1 引言

在以银行业为主导的我国金融体系中，商业银行占据着举足轻重的地位，是金融服务实体经济的主力军。随着我国银行业不断深化改革，特别是自2003年中国银监会成立以来，银行业竞争格局正迎来深刻变革。一方面，国有大型商业银行相继完成股份制改革，继续在全国范围内保持主导地位。另一方面，股份制商业银行和城市商业银行异军突起，服务区域不断扩大。特别是自2007年和2009年银监会分别发布《关于允许股份制商业银行在县域设立分支机构有关事项的通知》和《关于中小商业银行分支机构市场准入政策的调整意见（试行)》以来，对于股份制银行和城商行在异地新设分支机构的限制不断放松。

银行竞争深刻影响实体经济。如果激烈的市场竞争促使银行增加信贷供给，提供更优惠的市场化利率，信贷充分流入实体经济，支持中小企业成长，则银行竞争有助于实体经济的发展。但如果银行热衷于在大客户领域竞争，无心服务中小企业和民营企业，无意培育长期合作的银企关系，甚至使信贷"脱实向虚"，则不利于实体经济健康发展。因此，银行竞争与实体经济是重要的政策议题，同时也得到学术界的广泛讨论。已有文献中银行竞争促进实体经济增长和不利于实体经济发展的两种理论观点针锋相对，采用各国数据展开的实证研究发现也莫衷一是。

基于上述背景，本章关注银行竞争如何影响产业结构转型升级，尝试借此厘清银行竞争与我国实体经济发展之间的密切联系。

5.2 银行竞争与产业结构

中国银行业在2005—2023年竞争程度显著提升，银行业分支机构数量迅速增长，截至2023年底，已超过20万家，竞争度提升的一个重要特征是股份制商业银行和城市商业银行的扩张。这些银行的进入和扩张，可以有效提升信贷供给，降低融资成本，有利于高度依赖银行资金的企业特别是中小企业的成长。虽然根据信息假说新设立的分支行可能与原有的分支行共同竞争大客户，不利于原有银企关系的维护，但大量原先被信贷配给的企业可能有机会建立起银企关系，总的关系型借贷反而可能上升（Degryse & Ongena，2007）。Cestone 和 White（2003）的模型也显示垄断的银行市场可能对新进入的企业构成金融障碍，不利于形成更具竞争性的产品市场。考虑到我国情况，林毅夫等（2009）、龚强等（2014）指出中小银行市场份额的提升可能更接近适合中国的最优金融结构，张一林等（2019）指出中小银行在服务中小企业融资方面具有独特优势。本章认为，区域银行竞争加剧有利于增加信贷供给，有助于减少原有企业对新生企业的金融俘获，会导致产业结构更加具有竞争性，体现为行业内更多的企业数量和更小的平均企业规模。据此，本章提出第一个假设。

假设1：当区域内银行业竞争增强时，产业结构将变得更具竞争性，体现为行业内人均企业数量上升，平均企业规模下降。

在银行竞争加剧的区域内，行业内企业数量的增加和规模的下降有可能是由于更多中小企业获得更多金融资源。中小制造业企业在样本期间大多不具备上市资质，也很难从公司债、企业债市场融资，更多地依赖当地银行信贷获得融资。因此，相比具备更多元融资选择和全国范围内融资机会的大企业，银行竞争提升对中小制造业企业的影响可能更大。据此，本章提出第二个假设。

假设2：区域内银行竞争将导致中小企业在行业内的数量占比将上升，而大企业的数量占比相应下降。

中国不同所有制企业面临的融资约束和银行信贷可得性不同（方芳和蔡卫星，2016）。私营企业相比国有企业而言，更难从传统国有大型银行体系中获得信贷支持。例如，卢峰和姚洋（2004）、Allen 等（2005）、陈耿等（2015）和郭健等（2023）发现银行更倾向于为国有企业而非私营企业融资，存在信贷配置的歧视。随着银行竞争的加剧，国有大型银行的市场份额不断下降，股份制银行和城商行的营业范围不断扩张，虽然国有企业的融资优势仍然存在，但私营企业从区域银行竞争中获利更多。据此，本章提出第三个假设。

假设3：银行竞争对私营企业的冲击相比国有企业而言更加显著，即行业内私营企业数量的增加和规模的下降比国有企业更为明显。

从全国范围内来看，国有大型银行的整体市场份额不断下降，股份制银行和城商行的份额不断扩张（蔡卫星，2016）。区域内银行竞争度的改变，可能源于不同类型银行市场份额的变化。例如，部分区域银行业竞争度的提高是由于股份制银行和城商行的快速扩张，而有些区域银行业竞争度的提高是由于国有大型银行扩张。

虽然整体上来说银行业竞争度的提高都有利于提高产业结构的竞争性，但这一效果也随着不同类型银行的扩张而具有差异性。例如，当一个市场中六大国有银行居于绝对垄断地位时，银行业竞争程度的提升如果主要来自股份制银行的进入或城商行的扩张，就会产生鲶鱼效应，股份制银行或城商行会着力开拓中小企业信贷市场，提升当地信贷市场的供给和效率，从而将对当地产业结构产生明显效果。反之，如果银行业竞争程度的提升主要来自国有大型银行的扩张，可能更有利于服务大型企业，降低当地产业结构集中度的效果较弱。据此，本章提出第四个假设。

假设4：当银行业竞争度提高主要来自股份制银行或城商行扩张时，银行竞争对产业结构的冲击较强；当银行业竞争度提高主要来自国有大型银行扩张时，银行竞争对产业结构的冲击较弱。

5.3 银行竞争与实体经济发展

金融发展和经济增长一直是学术界研究的热点问题。从早期巴杰特（Bagehot，1873）和熊彼特（Schumpeter，1912）等理论讨论，到King和Levine（1993）开创性地使用实证手段分析金融发展对经济增长的促进作用，到跨国横截面数据和面板数据的广泛使用（Levine & Zervos，1998；Beck et al.，2000），到采用公司或行业层面的微观数据来改进因果识别（Demirgüç – Kunt & Maksimovic，1998；Rajan & Zingales，1998），学术界取得丰硕成果，明确了金融发展对经济增长的促进作用（Levine，1997）。近年来学术界更加关注金融发展的具体形式，例如银行竞争度提升和市场结构变迁，分析其影响实体经济的微观机制。

关于银行竞争对于实体经济的影响，理论中有两种截然相反的观点。Mayer（1988），Petersen和Rajan（1995）以及Hauswald和Marquez（2006）提出的信息假说强调垄断银行对于长期银企关系培育的作用，认为银行在竞争性的信贷市场中缺乏动力去开展关系型信贷，从而降低了信贷水平。相反地，传统金融中介理论中的市场力量假说认为，当信贷市场集中度较高时，垄断银行倾向于定价较高贷款利率，信贷可得性和信贷供给都较低，而银行竞争的加剧有利于改善信贷可得性并降低企业融资成本。李志赟（2002）将中小金融机构引入模型，发现引入中小金融机构将使中小企业得到的信贷增加，有助于化解中小企业融资难。

关于银行竞争和实体经济的实证研究采用不同国家的样本和不同的竞争指标，发现的经验证据也莫衷一是。Petersen 和 Rajan（1995）利用美国小企业数据，展示年轻企业在垄断信贷市场上会比在竞争性市场上获得更多的信贷。Fischer（2000）用德国数据也发现类似的情况。而大部分实证分析还是支持传统的市场力量假说，认为银行竞争有助于增加信贷可得性和信贷规模。例如，Black & Strahan（2002），Cetorelli & Strahan（2006），Rice & Strahan（2010）利用美国数据发现银行竞争越激烈，越有利于新企业的创建和小企业的成长。Beck，Demirgüç - Kunt & Maksimovic（2004）采用跨国数据发现银行集中度越高越不利于企业融资。Love & Peria（2012）也用跨国数据证实银行竞争有助于增加企业信贷。还有一些研究发现银行竞争与实体经济的非线性关系（例如 Bonaccorsi di Patti & Dell'Ariccia，2004）。

我国学者多采用省级或跨国面板数据，用经济增长指标（GDP 增速、全要素生产率）对银行业集中度指标进行回归（林毅夫和李永军，2001；林毅夫、章奇和刘明兴，2003；林毅夫和姜烨，2006；林毅夫和孙希芳，2008；贾春新、夏武勇和黄张凯，2008；谭之博和赵岳，2013；王勋和赵珍，2011；张健华、王鹏和冯根福，2016）。随着国内微观数据可得性的改善，一些国内学者也开始采用企业层面微观数据，从以下渠道分析银行竞争的实体经济效应：（1）研发创新。巫岑、黎文飞和唐清泉（2016），蔡竞和董艳（2016）从银行业竞争影响创新和企业研发投入的角度展开分析，贾俊生、伦晓波和林树（2017）也用类似的思路研究金融发展对企业专利的影响。（2）融资成本和信贷可得性。尹志超、钱龙和吴雨（2015）从融资成本角度，分析大量信贷数据发现银行业竞争对于中小企业降低借贷成本有显著影响。李连发和辛晓岱（2009）采用多国非上市企业数据，发现金融发展会通过降低企业外部融资成本来影响企业成长。方芳和蔡卫星（2016）采用企业层面数据，发现银行业竞争通过降低融资约束从而促进企业成长。Chong 等（2013）利用银行分支机构信息构建区域竞争指标，利用中小企业调查数据，发现低市场集中度有助于缓解融资约束。但马君潞、郭牧炫和李泽广（2013）利用我国上市公司数据验证了银行竞争会增加银行代理成本，缩短企业的借款期限。采用 14 省 90 县银行业金融机构的调查数据，边文龙、沈艳和沈明高（2017）发现市场集中度的降低并没有导致金融机构在定价能力和市场反应弹性等方面竞争程度的提高。(3) 关系型信贷。张晓玫和潘玲（2013）分析我国银行业市场结构与中小企业关系型贷款的关系。邵平、秦龙和孔爱国（2012）分析银行布局与不同规模企业的关系。

第6章
银行竞争与产业结构的实证研究

6.1 引言

在银行竞争与产业结构的研究中，Cetorelli（2004）和 Cetorelli 和 Strahan（2006）分别利用欧盟和美国数据，研究银行市场结构如何影响非金融部门的市场结构。他们发现伴随欧盟和美国银行业放松管制，竞争让新进入企业更容易获得信贷，企业数量增加，企业规模下降。本章利用中国数据和场景，研究银行业区域竞争对于当地产业结构的影响。我们借鉴 Cetorelli 和 Strahan（2006）的因果识别方式，加入中国特色的讨论（所有制的异质性，银行类型的异质性），并利用 2007 年银监会放松进入限制作为自然实验。

本章的分析结果支持 Lin 等（2015）关于中国银行业结构和产业增长的研究。他们运用 1999—2007 年省级面板和行业数据，利用各行业的劳动资本比和非国企占比进行识别，证实所有制—结构观点和规模—结构观点。本章立足于地级市层面的银行竞争，利用外部融资依赖度进行因果识别，侧重分析银行竞争对于产业结构的影响，并利用监管部分放松管制的改革作为外生冲击改善因果识别，补充了 Lin 等（2015）关于金融发展对经济增长的微观机制研究。

本章选取 2005—2009 年作为样本区间，具体考察区域内银行业竞争对于当地产业结构的影响。在这一时期，中国资本市场仍不完善，股权融资占企业融资的比重还较低，公司债、企业债的市场规模也比较小，大部分企业主要依靠银行信贷。因此，银行竞争导致信贷资金的配置的变化会对产业结构产生重要影响。由于现实中银行主要是在地级市/分支行层面展开竞争，不同于大部分文献研究全国/省级市场竞争对经济增长的影响，本章采用区域内竞争的视角，研究地级市范围内的银行业竞争。同时，区域内竞争有更大的差异性（同省内部，例如苏南与苏北），可以更好地帮助我们识别竞争的影响。本章采用的行业数据主要来自制造业企业，其融资主要来源于当地的银行。因此，采用区域银行竞争可以更好、更干净地识别银行业竞争对当地产业结构的影响。

本章主要研究区域内银行竞争如何影响当地各行业中人均企业数量和平均企业规模。为了更好地实现因果识别，本章借助不同行业外生的外部融资依赖度的差异，研究银行竞争改变对于不同融资需求的行业的企业数量和规模的差异化影响。具体而言，我们利用银监会的金融许可证数据库估算了各地级市的银行业竞争度指标，并利用中国工业企业数据库估算了30个制造业行业的外部融资依赖度和各地级市的产业结构。

本章发现，相对依赖度更低的行业而言，银行区域竞争的加剧更有助于提高外部融资依赖度较高行业的人均企业数量，同时导致平均企业规模的下降。这与Cetorelli和Strahan（2006）利用美国数据的发现是一致的。这一发现有可能是银行竞争更多地助推中小企业成长而导致的。因此，我们将各区域各行业中的企业按照规模分类，发现银行竞争确实有利于中小企业在行业中占比的上升，同时导致大企业占比的下降。同时，银行竞争的加剧可能有利于被金融排斥的私营企业的成长。我们发现面临更加激烈的银行竞争时，私营企业的数量确实比国有企业数量增长更多，规模下降更大。此外，分解不同类型银行对于当地银行业竞争度变化的不同贡献度，我们发现银行业区域竞争对产业结构的影响，更多源于股份制银行的扩张。为了更好地解决银行区域竞争可能存在的内生性问题，本章采用本省其他城市平均的银行竞争度作为本地银行竞争度的工具变量，进行稳健性检验。最后，本章利用2007年银监会出台的《中国银监会办公厅关于允许股份制商业银行在县域设立分支机构有关事项的通知》（以下简称《通知》）作为外生政策冲击。该政策实质上放松了对于符合条件的股份制银行和城商行进入县域市场的限制，外生增加了部分区域的银行竞争度，构成一个准自然实验。我们利用三重差分模型进行稳健性检验，证实了银行竞争对于产业结构的冲击。

本章可能对已有研究有如下贡献：首先，从研究领域上来说，本研究属于金融发展领域。传统文献多采用宏观数据（国家/省级）将GDP增速对各种金融发展指标进行面板回归，很难识别微观机制，很难构建因果关系。一部分文献利用企业数据，较好地识别微观机制，但落脚点和政策意义又过于微观。本章研究尝试从行业层面（介于国家和企业之间），利用区域—行业微观数据，具体分析金融发展（体现为银行业竞争加剧）如何通过影响资本在各行业各区域的配置进而影响实体经济，为传统的“金融发展—经济增长”文献提供微观基础。其次，受微观数据可得性所限，传统文献将全国或各省视为一个统一的市场，测算全国或各省范围内的银行竞争度。而现实中，银行更多是在地级市/分支行层面开展竞争。本研究将各个地级市视为分割的市场，运用较少被学术研究采用的国家金融监督管理总局金融许可证数据，构建地级市层面的竞争度指标。再次，在实证方法上，本章采用区域—行业层面的微观数据，构建城市—行业—年份的三维观测值，可以利用行业特征（外部融资依赖度），识别银行竞争影响实体经济的微观机制，有效避免传统文献中因果识别不清、存在反向因果或遗漏变量等问题。最后，采用 2007 年银监会《通知》作为放松管制的外生冲击，通过准自然实验来检验外生银行竞争改变的影响。

本章对于金融业供给侧结构性改革和金融服务实体经济有重要政策启示。第一，提高银行业竞争度是金融业供给侧结构性改革的重要内容，有助于提高金融业配置资源的效率，塑造更具竞争性的产业结构，促进实体经济的转型升级。第二，金融服务实体经济是金融工作的本源。银行业竞争度的提升，从资金端的入手，有助于缓解中小企业融资难的困境，有助于帮助非公有制经济发展。

本章余下部分的结构安排如下：第 2 部分展示数据与实证设计，介绍因果识别的方法；第 3 部分提供回归结果及其分析；最后总结全章并讨论政策含义。

6.2 银行竞争与产业结构的实证研究路径

6.2.1 数据与变量结构

在本章的实证研究中，我们选取了 2005—2009 年的数据作为样本区间，深入探讨了区域内银行业竞争对当地产业结构的影响。尽管所使用的数据集距离现在已有一定的时间跨度，但是这一时期的数据难以获取和清洗，在多个方面表现出独特的优势和高质量的特性，为我们提供了目前可获取的最完备的微观数据资源。我们所依赖的数据集追溯到了 2005—2009 年，这个时间段对中国而言，是经济快速发展和金融体系转型的关键时期。在这一时期，银行业的竞争模式和企业融资结构对产业的发展和转型起到了重要的作用。这些数据不仅捕捉到了经济转型的关键时刻，而且反映了银行业竞争与产业结构互动的变化，为我们提供了独到的研究视角。尽管时代在变迁，但银行竞争与产业结构之间的关系具有一定的持久性，在当今经济环境中，我们仍可以观察到银行竞争格局的演变对产业结构调整的深远影响。本章的研究结果有助于我们理解在不同竞争环境下，银行业如何通过信贷资金分配影响产业结构的调整和优化。

这对于当前中国经济转型期产业升级和金融体系改革具有重要的启示作用。因此，本章微观数据质量较高、指标较为全面，能够为理解现实经济现象提供理论支持和实证参考。通过对这些数据的深入挖掘，我们能够揭示出一些持久的经济规律，为相关研究领域提供了宝贵的资料和见解。

1. 数据来源

本章实证分析的数据来源于以下三个数据库。

（1）国家金融监督管理总局金融机构许可证数据库

由于单个商业银行在省市县一级的存款、贷款等微观数据很难从公开渠道获得，因此，无法利用分区域的银行存贷款数据构建竞争指标。类似贾春新、夏武勇和黄张凯（2008），方芳和蔡卫星（2016），蔡竞和董艳（2016）的研究，我们构建基于银行分支机构数量的竞争指标。我们从国家金融监督管理总局获得的金融机构的金融许可证信息，涵盖金融机构的编号、证件流水号、机构名称、批准成立日期和发证日期等信息，最早可以追溯到新中国成立初期。我们提取并计算了地级市层面年度的商业银行分支机构的数量和分布，并由此构建银行业的区域竞争度指标。

（2）中国工业企业数据库

中国工业企业数据库是由国家统计局收集的数据库，记录了全部国有及主营业务收入500万元规模以上非国有工业企业的基本数据。本研究样本包括中国工业企业数据库中的30个制造业行业，对应国民经济行业分类与代码（GB/T 4754－2002）中的代码13～43（不含38）。虽然相对中国其他数据库，中国工业企业数据库具有样本大、指标多、时间长的优点，但也存在指标缺失、指标异常、变量定义模糊等各种问题，故多数学者使用该数据库时选取的数据区间为1999—2007年（聂辉华等，2012）。由于本章研究的指标包括行业企业数量、企业从业人数和企业部分财务数据，这些指标在2008年和2009年的统计数据中缺失较少，因此，本章对该数据库的使用年份是2005—2009年。

（3）国泰安经济金融数据库和中国区域经济统计年鉴

我们从国泰安经济金融数据库获得了中国各个地级市的年末人口数据，并将该数据和中国工业企业数据库合并，计算地级市每年制造业行业的人均企业数量。由于国泰安经济金融数据库缺失一部分地级市人口数据，因此，我们额外查阅了中国区域经济统计年鉴，根据该年鉴中记录的地级市年末人口数据，手工补充了国泰安中缺失的人口数据。

2. 数据处理

参考既有研究的做法，本章采取如下步骤对初始数据进行检查和处理。

本章对国家金融监督管理总局的金融许可证数据库进行了如下处理：金融许可证数据包含了机构编码、机构名称、机构地址、批准成立日期等要素。我们从机构地址和机构编码中提取所属地级市、所属省份、银行编码、机构类型的信息。样本中仅保留商业银行，并删掉分支机构中不具备信贷功能的分理处、办事处、营业所（代码为 U）、储蓄所（代码为 V）和其他分支机构（代码为 X）①。我们依照地级市和年度两个维度对银行分支行数量进行加总，计算得到商业银行每年在每个地级市内的分支机构数目，以此计算出地级市每年的 *HHI* 和银行集中度指标来衡量区域内银行业竞争度。

针对 2005—2009 年的中国工业企业数据库，本章进行了如下处理：首先，按照国民经济行业分类与代码（GB/T 4754－2002），仅保留了制造业行业，即变量 ind2 在 13～43（不含 38）的观测值；其次，删除了从业人数（cyrs）缺失的数据和从业人数（cyrs）小于 1 的观测值（Cai & Liu，2009），删除了城市代码缺失和企业名称缺失的观测值；再次，根据地级市、年度和行业，加总得到每年每个地级市每个行业的企业数量与从业人数；最后，将国泰安经济金融数据库和中国区域经济统计年鉴搜集的中国地级市年末人口数据与处理后的工业企业数据库进行合并，得到每年地级市制造业行业的人均企业数量和平均从业人数。

此外，我们采用中国工业企业数据库数据，依照 Rajan 和 Zingales（1998）的方法，计算了中国各制造业行业 2005—2009 年的外部融资依赖度。具体而言，首先计算单个制造业企业的年度外部融资依赖度；其次计算每年地级市各行业中所有企业外部融资依赖度的中位数；最后得到所有年份和所有城市中每个制造业行业的外部融资依赖度的中位数，作为该行业的外部融资依赖度的取值。

3. 变量说明与描述性统计分析

本章计量模型中用到的主要变量说明如下。

（1）区域银行竞争度

赫芬达尔指数（Herfindahl－Hirschman Index，HHI）和市场集中度 CR5

① 这样可以避免高估营业网点过多、分散的中国邮政储蓄银行和农村商业银行的市场份额。

（前五大机构的市场份额）是学者们研究中国银行业市场竞争度的常用指标（刘伟和黄桂田，2003）。本章采用银行分支机构数量来构建 *HHI* 和 *CR5*（贾春新等，2008；Chong et al.，2013）。具体而言，采用国家金融监督管理总局公布的金融许可证数据，提取中国 2005—2009 年地级市的所有商业银行分支机构数量①，并用每家银行分支机构数量除以该年本地级市所有商业银行的机构数量，计算出单个银行在当地的市场份额，再求市场份额的平方和得到该地级市当年的银行业竞争度 *HHI*；同样，采用每年地级市分支机构数量最多的 5 家商业银行分支机构数量总和，除以同年同市商业银行的分支机构总和，计算得到该年该市银行业市场集中度 *CR5*。

变量构建如式（6.1）和式（6.2），其中，k 表示商业银行，$q=1,\cdots,5$ 为前五大银行，s 表示市场（城市），t 表示年份。*HHI* 和 *CR5* 的取值在 0 到 1 之间，越接近于 0 表示竞争程度越高，越接近于 1 表示市场越接近于垄断。

$$HHI_{st} = \sum_{k=1}^{K}\left(\frac{\#branch_{kst}}{\sum_{k=1}^{K}\#branch_{kst}}\right)^2 \tag{6.1}$$

$$CR5_{st} = \frac{\sum_{q=1}^{5}\#branch_{qst}}{\sum_{k=1}^{K}\#branch_{kst}},\ q=1,\cdots,5 \tag{6.2}$$

（2）行业融资依赖度

本章依据 Rajan 和 Zingales（1998）的方法计算行业的外部融资依赖度。具体而言，首先计算每家企业每年的外部融资依赖度 *FD*，见式（6.3）。

$$FD_{ijst} = \frac{Capital\ expend_{ijst} - Cash\ flow_{ijst}}{Capital\ expend_{ijst}} \tag{6.3}$$

其中，企业现金流 *Cash flow* 的计算公式为式（6.4），企业资本支出 *Capital expend* 的计算公式为式（6.5）。

$$Cash\ flow_{ijst} = Profit_{ijst} + Discount_{ijst} - \Delta\ Inventory_{ijst} - Receivable_{ijst} + Payable_{ijst} \tag{6.4}$$

$$Capital\ expend_{ijst} = Fixed\ assets_{ijst} - (1 - Discount\ rate) \times Fixed\ assets_{ijs(t-1)} \tag{6.5}$$

上式中，首先，$Profit_{ijst}$表示企业税后利润，$\Delta Inventory_{ijst}$表示企业存货的增

① 由于数据所限，样本仅包括 31 个省级行政区域，未包含香港特别行政区、澳门特别行政区和台湾地区。

加额，$Receivable_{ijst}$表示企业应收账款，$Payable_{ijst}$表示企业应付账款，$Discount_{ijst}$表示企业当年的折旧额，$Fixed\ assets_{ijsi}$表示固定资产，$Discount\ rate$ 表示固定资产折旧率，工业企业的折旧率取单豪杰（2008）中 10.96% 的数值，所有变量右下角标 i 表示企业。其次，计算每个行业每个地级市的企业外部融资依赖度年度中位数 FD_{js}。最后，根据 FD_{js}计算每个行业的外部融资依赖度 FD_j，最终得到 30 个行业的融资依赖度数据。FD_j取值越大，表明 j 行业的外部融资依赖度越高。

（3）行业人均企业数量和行业企业平均规模

本章采用行业人均企业数量和行业内企业平均规模来衡量产业结构水平。其中，行业人均企业数量越多、企业平均规模越小，表示产业结构越分散；行业人均企业数量越少、企业平均规模越大，说明产业结构越集中。具体计算公式见式（6.6）和式（6.7）。

$$Number_{jst} = \frac{Total\ company\ number_{jst}}{Total\ population_{st}} \tag{6.6}$$

$$Size_{jst} = \frac{Total\ employment_{jst}}{Total\ company\ number_{jst}} \tag{6.7}$$

其中，$Number_{jst}$表示行业内人均企业数量，等于每个行业每年在该地级市的总企业数量除以该市当年的年末人口数。$Size_{jst}$表示行业内企业平均规模，等于该地级市每个行业每年的总从业人员数量除以该地级市该行业当年的总企业数量。

（4）行业就业占比

行业就业占比是指每年每个城市每个行业的从业人员数量占当年该市所有制造业行业的总从业人员数量的比率，取值在 0 到 1 之间，用来控制城市中每一行业的相对份额。具体计算公式如式（6.8）：

$$Employment\ share_{jst} = \frac{Total\ employment_{jst}}{Total\ employment_{st}} \tag{6.8}$$

4. 描述性统计分析

以上各个解释变量的描述性统计分析如表 6.1 所示。在进行计量回归时，所有变量（除了行业外部融资依赖度以外）均采用 5% 的缩尾（winsorize）处理。

表 6.1　描述性统计分析

变量	总样本	均值	标准差	P5	中位数	P95
赫芬达尔指数 *HHI*	38 809	0. 171	0. 059	0. 087	0. 164	0. 292
银行业集中度 *CR5*	38 809	0. 824	0. 145	0. 538	0. 842	1. 000
外部融资依赖度 *FD*	38 808	0. 745	0. 164	0. 193	0. 774	1. 127
行业就业占比	38 808	0. 038	0. 044	0. 001	0. 019	0. 164
人均企业数量	38 795	0. 073	0. 099	0. 003	0. 031	0. 379
人均国有企业数量	38 795	0. 003	0. 004	0. 000	0. 000	0. 015
人均私营企业数量	38 795	0. 053	0. 072	0. 000	0. 022	0. 272
企业平均规模	38 808	211. 814	165. 142	45. 000	158. 813	698. 571
国有企业平均规模	38 809	179. 765	351. 389	0. 000	0. 000	1 314. 000
私营企业平均规模	36 477	157. 988	104. 672	40. 625	126. 814	445. 000
就业人数 <50 企业的行业份额	38 808	0. 247	0. 243	0. 000	0. 200	1. 000
就业人数在 50 ~ 149 企业的行业份额	38 808	0. 403	0. 251	0. 000	0. 400	1. 000
就业人数在 150 ~ 499 企业的行业份额	38 808	0. 258	0. 236	0. 000	0. 222	1. 000
就业人数≥500 企业的行业份额	38 808	0. 092	0. 168	0. 000	0. 027	1. 000

6. 2. 2　研究设计

本章研究区域银行业竞争对产业结构的影响，在因果识别方面面临着潜在的遗漏变量偏误和逆向因果的内生性问题。一方面，例如，经济落后的小城市可能拥有较少的银行（垄断度较高）和较少的制造业企业，同时观测到二者并不一定意味着银行结构与产业结构的正相关关系。另一方面，地方企业（特别是国企）与地方银行（特别是城商行），往往同时受到地方政府的协调（纪志宏等，2014）。如果地方政府同时影响当地银行竞争结构和产业结构，那么识别能力会受到极大限制。同时，如果考虑到大银行主要服务大企业，小银行主要服务中小企业（林毅夫等，2009），那么也存在产业结构反过来影响银行结构的逆向因果的可能性。

为了更加有效地识别因果关系，本章借助 Rajan 和 Zingales （1998） 的观点：由于生产技术的外生差异，不同行业的外部融资依赖度存在显著差异，例如烟草行业现金流充裕而资本支出有限，因此其外部融资依赖度显著低于资本密集型的钢铁行业。由于银行对于资金依赖度不同的行业的影响有所不同，银行竞争会对融资依赖度更高的行业产生更大的影响。

因此，依据 Rajan 和 Zingales（1998）关于行业融资依赖度的场景，本章参考既有研究的做法（Cetorelli & Gambera，2001；Cetorelli & Strahan，2006），设定如下基础计量模型：

$$Y_{jst} = \alpha \cdot Employment\ share_{jst} + \delta \cdot Market\ trends_{st} + \gamma \cdot Industry\ trends_{jt} + \beta \cdot FD_j \cdot Bank\ competition_{st} + \varepsilon_{jst} \tag{6.9}$$

模型（6.9）中，Y_{jst}表示 t 年地级市 s 行业 j 的人均企业数量和平均企业规模，来衡量当地的产业结构。行业就业占比 $Employment\ share_{jst}$表示 t 年地级市 s 行业 j 的从业人员占同年该地级市所有行业从业人员中的比例，来控制该行业当时在当地的相对重要性。$Market\ trend_{st}$表示包含地级市和时间的固定效应，控制可能影响当地产业结构的区域相关的、随时间变化的冲击，例如当地的经济周期。$Industry\ trend_{jt}$表示包含行业和时间的固定效应，控制与行业相关的、随时间改变的冲击，例如某行业取得的科技突破和生产率提升。FD_j为根据 Rajan 和 Zingales（1998）方法基于中国工业企业数据计算的 30 个制造业行业的外部融资依赖度。$Bank\ competition_{st}$表示 t 年地级市 s 的银行业竞争度。根据 Petersen（2009）的方法，标准误同时聚类（cluster）在城市—年度和行业—年度两个层面。

模型（6.9）中的 $Market\ trend_{st}$和 $Industry\ trend_{jt}$两组固定效应吸收了城市和行业中可能引起内生性问题的、不可见的混合因素，因此降低了遗漏变量和逆向因果的可能性。同时，$Market\ trend_{st}$和 $Industry\ trend_{jt}$也完全吸收了 $Bank\ competition_{st}$和 $Financial\ dependence_j$的单独效应，因此二者不需要被估计。本章关注 $Bank\ competition_{st}$和 FD_j的交乘项系数 β，当被解释变量为行业中的人均企业数量时，如果 β 显著为负，说明银行业竞争增加了行业人均企业数量，降低了行业中的集中度。反之，如果 β 显著为正，则说明银行业竞争降低了行业的人均企业数量，提高了行业的集中度。当被解释变量为行业平均企业规模时，如果 β 显著为负，说明银行业竞争增加了行业平均企业规模，提高了行业的集中度。反之，如果 β 显著为正，则说明银行业竞争降低了行业平均企业规模，降低了行业的集中度。

为了刻画区域银行竞争对产业内不同规模企业影响的异质性，本章进一步根据行业内企业的不同规模，构建了不同规模的企业数量占比。具体而言，根据从业人数将企业分为四类：第一类从业人数小于 50 人，第二类从业人数大于等于 50 人小于 150 人，第三类从业人数大于等于 150 人小于 500 人，第四类从业人数大于等于500人。并在此划分基础上，分别计算不同规模的企业数量占比，将此数量占比作为被解释变量分别进行回归，以揭示银行业竞争影响行业内不同规模企业的异质性。

6.3 银行竞争对产业结构的影响

6.3.1 实证结果

（1）区域银行业竞争度对产业结构的影响

本章使用式（6.9）来考察地级市的区域银行竞争度对当地产业结构的影响，估计结果见表6.2。在表6.2中，第（1）列和第（2）列展示了行业人均企业数量作为被解释变量的回归结果，第（3）列和第（4）列展示了行业平均企业规模作为被解释变量的回归结果，第（1）列和第（3）列采用了基于银行分支机构数量的*HHI*作为区域银行业竞争度的衡量指标，第（2）列和第（4）列采用了前5大银行的集中度作为区域银行业竞争度的衡量指标。此外，我们同时控制了行业—年度和城市—年度的双重固定效应，吸收随时间改变的当地需求冲击和行业冲击。我们根据 Petersen（2009）的方法，将标准误同时聚类在城市—年度和行业—年度两个层面，使得结果更加稳健。

结果显示，无论是采用*HHI*还是采用*CR5*作为银行业竞争度的衡量指标，区域银行竞争增加都显著降低了产业结构的集中。具体而言，第（1）列和第（2）列的结果显示，区域银行竞争加剧扩大了行业内人均企业数量，*HHI*×*FD*的回归系数为-0.38，且在1%的水平上显著，表示当*HHI*降低（竞争增强）一个标准差（0.06）时，能够使得外部融资依赖度为1的行业相对外部融资依赖度为0的行业，人均企业数量增加0.023，相当于人均企业数量样本均值的22.8%（=0.38×0.06÷0.1）；*CR5*×*FD*的回归系数为-0.138，在1%的水平上显著为负，表示*CR5*降低（竞争增强）一个标准差（0.15）能够使得外部融资依赖度为1的行业相对外部融资依赖度为0的行业，人均企业数量增加0.021，相当于人均企业数量均值的20.7%（=0.138×0.15÷0.1）。第（3）列和第（4）列的结果显示，区域银行竞争降低了行业中平均企业规模。由于被解释变量取了对数，此处的经济显著性的解释略有不同。*HHI*×*FD*的回归系数在1%的水平上显著为正，为2.338。当银行竞争增强，*HHI*从

75%分布（0.210）到25%分布（0.125），外部融资依赖度为1的行业相对外部融资依赖度为0的行业，平均企业规模降低19.87%［2.338×（0.125－0.21）］；*CR5*×*FD*的回归系数在5%的水平上显著为正，为0.696，当银行竞争增强，*CR5*从75%分布（0.956）到25%分布（0.714），能够使得外部融资依赖度为1的行业相对外部融资依赖度为0的行业，平均企业规模降低16.84%［0.696×（0.714－0.956）］①。综合以上结果，区域银行竞争能够增加行业的企业数量，降低企业规模，从而降低了行业集中度。这些结果不仅在统计意义上显著，在经济意义上也非常明显。行业就业占比的系数取值总是为正，并在统计意义上高度显著，说明当一个行业在当地规模占比很高时，行业内人均企业数量和平均企业规模均较高。

表6.2　银行竞争度对人均企业数量和平均企业规模：主回归结果

变量	(1)	(2)	(3)	(4)
	人均企业数量		平均企业规模（取对数）	
行业就业占比	0.979*** (0.046)	0.981*** (0.046)	8.387*** (0.325)	8.369*** (0.325)
HHI×*FD*	−0.380*** (0.109)		2.338*** (0.758)	
CR5×*FD*		−0.138*** (0.041)		0.696** (0.306)
固定效应	行业—年度			
	城市—年度			
N	38 783	38 783	38 796	38 796
R^2	0.716	0.716	0.481	0.480

注：括号内为t值。***、**分别表示在1%、5%的显著性水平上显著。根据Petersen（2009）的方法，标准误同时聚类在城市—年度和行业—年度两个层面。

（2）区域银行业竞争对不同规模企业的异质影响

我们已经展现了更激烈的银行竞争导致更多的企业数量和更小的企业规模。这些改变可能是中小企业导致的，因为相比具有更多样融资方式选择和全

① 此处计算的经济效应可能显得偏大，因为样本中的30个行业的外部融资依赖度取值在0.19～1.13之间，而为了计算经济效应，我们需要对比外部融资依赖度为0（完全不依赖外部融资）和1（高度依赖外部融资）的两个极端行业。

国融资能力的大企业而言，中小制造业企业的融资更加依赖当地银行，因此更容易受到当地银行竞争的影响。果真如此的话，我们期望看到中小企业在当地行业中的占比上升，而大企业的占比相对下降。对此，我们采用不同规模企业在当地该行业中的数量占比作为新的被解释变量。表 6.3 呈现了银行业竞争度对行业中不同规模企业的异质影响，被解释变量是不同规模的企业在行业中所占的份额，其中第（1）列和第（2）列表示从业人数小于 50 人的企业所占的行业份额，第（3）列和第（4）列表示从业人数在 50 到 149 人之间的企业所占的行业份额，第（5）列和第（6）列表示从业人数在 150 到 499 人之间的企业所占的行业份额，第（7）列和第（8）列表示从业人数大于等于 500 人的企业所占的行业份额。

我们发现第（1）列和第（3）列中 *HHI* 的估计系数显著为负，表明银行竞争的加强会增加中小企业（从业人数小于 150 人）的数量占比，而第（5）列和第（6）列的 *HHI* 和 *CR5* 系数显著为正，显示银行业竞争显著降低大型企业（从业人数在 150 ~ 499 人）的数量占比[①]。第（7）列和第（8）列的估计系数不显著，说明银行区域竞争对于特大企业（从业人数大于等于 500 人）的影响不显著。这符合逻辑和事实，因为这些特大企业一般可以通过股权融资、债券融资或在全国其他地区获得银行信贷，因而受到当地银行竞争的影响比较有限。这一结果与表 6.2 中的主回归结果一致，也说明银行区域竞争主要影响依赖银行信贷的中小企业的数量和规模。

表 6.3　银行竞争度对行业中不同规模企业影响的异质性

企业的行业份额	(1)	(2)	(3)	(4)	(5)	(6)	(7)	(8)
	从业人数 <50		从业人数 50 ~ 149		从业人数 150 ~ 499		从业人数≥500	
行业就业占比	−1.013***	−1.009***	−0.626***	−0.621***	0.502***	0.496***	1.137***	1.134***
	(0.063)	(0.063)	(0.063)	(0.062)	(0.056)	(0.056)	(0.072)	(0.072)
$HHI \times FD$	−0.430*		−0.488**		0.711***		0.206	
	(0.242)		(0.245)		(0.266)		(0.221)	
$CR5 \times FD$		−0.126		−0.120		0.221**		0.025
		(0.093)		(0.092)		(0.102)		(0.087)

① 此处在解读经济含义时应该更为谨慎，因为样本中的中小企业属于工业企业数据库中的相对规模较小的企业。但考虑到进入工业企业数据库的门槛（销售额 >500 万元），这里的中小企业规模仍大于 Chong，Lu 和 Ongena（2013）等采用的国家统计局口径下的中小企业（SMEs）。

续表

企业的行业份额	(1)	(2)	(3)	(4)	(5)	(6)	(7)	(8)
	从业人数<50		从业人数50~149		从业人数150~499		从业人数≥500	
固定效应	行业—年度							
	城市—年度							
N	38 796	38 796	38 796	38 796	38 796	38 796	38 796	38 796
R^2	0.288	0.287	0.127	0.126	0.175	0.174	0.277	0.277

注：括号内为根据 Petersen（2009）的方法，同时聚类在城市—年度和行业—年度两个层面的稳健标准误。***，**，*分别表示在1%，5%，10%的显著性水平上显著。

（3）区域银行业竞争对不同所有制企业的异质影响

在传统的银企关系当中，国有企业具有天然的优势，而私营企业处于相对不利的地位。因此，银行区域竞争的变化，可能对于私营企业的影响更大。为了检验区域银行竞争对于不同所有制企业的影响，我们构建新的被解释变量：人均国有企业数量、人均私营企业数量、平均国有企业规模和平均私营企业规模。表6.4第（1）~（4）列显示，相对于外部融资依赖度较低的行业，区域银行业竞争显著增加了对于外部融资依赖度较高的行业的人均国有企业数量和人均私营企业数量。估计系数的组间结果显示，人均私营企业数量增加的幅度显著高于人均国有企业数量。第（5）列和第（7）列显示，对于外部融资依赖度较高的行业，银行竞争显著降低平均国有企业规模和平均私营企业规模。估计系数的组间比较结果显示，平均私营企业规模降幅显著高于平均国有企业规模。总之，估计结果显示银行竞争增强增加企业数量和降低企业规模的效果，对于私营企业而言强于国有企业。

表6.4 银行业竞争对不同所有制企业的异质影响：国有/私营企业数量和规模

变量	(1)	(2)	(3)	(4)	(5)	(6)	(7)	(8)
	人均国有企业数量		人均私营企业数量		平均国有企业规模		平均私营企业规模	
行业就业占比	0.029***	0.029***	0.707***	0.709***	8.855***	8.828***	5.590***	5.580***
	(0.002)	(0.002)	(0.033)	(0.033)	(0.394)	(0.392)	(0.211)	(0.211)
HHI×FD	−0.015***		−0.288***		3.402**		1.112*	
	(0.004)		(0.086)		(1.602)		(0.654)	
CR5×FD		−0.005***		−0.104***		1.116		0.285
		(0.002)		(0.032)		(0.689)		(0.253)

续表

变量	(1)	(2)	(3)	(4)	(5)	(6)	(7)	(8)
	人均国有企业数量		人均私营企业数量		平均国有企业规模		平均私营企业规模	
固定效应	行业—年度							
	城市—年度							
N	38 783	38 783	38 783	38 783	15 985	15 985	36 460	36 460
R^2	0.500	0.500	0.683	0.683	0.425	0.425	0.396	0.396

注：括号内为根据 Petersen（2009）的方法，同时聚类在城市—年度和行业—年度两个层面的稳健标准误。***，**，*分别表示在1%，5%，10%的显著性水平上显著。

（4）不同类型银行的异质影响

为了更好地识别不同类型银行扩张产生的异质性影响，本章测度不同类型银行的扩张对于当地银行业竞争度变化的贡献度，再与当地银行竞争度、行业外部融资依赖度三重交互。我们将不同类型银行的贡献度定义为五大国有大型商业银行（*SOB*）、股份制商业银行（*JSB*）和城市商业银行（*CCB*）分别对 *HHI* 和 *CR5* 的贡献比例。

$$Bank\ HHI_{st} = \sum_{l=1}^{L}\left(\frac{\#Bank\ branch_{lst}}{\sum_{k=1}^{K}\#branch_{kst}}\right)^2 / HHI_{st},\ Bank = SOB, JSB, CCB \tag{6.10}$$

$$Bank\ CR5_{st} = \frac{\dfrac{\sum_{q=1}^{5}\#branch_{qst}}{\sum_{k=1}^{K}\#branch_{kst}}}{CR5_{st}},\ q = 1, \cdots, 5; Bank = SOB, JSB, CCB \tag{6.11}$$

本章主要关心国有大型商业银行、股份制商业银行和城市商业银行对当地银行业的竞争度动态变化的不同贡献度，如何影响银行竞争对产业结构的冲击。估计结果分别呈现在表6.5的面板A、B和C中。在面板A中，我们发现三重交互项的估计系数在解释人均企业数量的回归中显著为负，在解释平均企业规模的回归中显著为正，说明相对贡献较小的区域，在竞争度贡献较大的区域，国有行的区域银行竞争对产业结构的冲击更强，进而说明国有行的扩张有利于塑造更具竞争性的产业结构。在面板B中，三重交互项的估计系数在解释人均企业数量的回归中显著为负，在解释平均企业规模的回归中显著为正，说明股份制银行扩张对于产业结构有明显的冲击。更重要的是，面板 B 中股份制银行的三重交互项的估计系数显著大于面板 A，说明相比国有行股份制银行对区域银行竞争度的贡献，对产业结构的冲击更强，更有利于提升产业结构。面板 C 中城商行的估计结果在系数上接近国有行的结果，尽管城商行的扩张对于平均企业规模的影响并不显著。总之，区域银行业竞争度提高对于当地产业结构的冲击主要来自股份制银行的扩张。

表 6.5　银行业竞争影响产业结构的异质性：不同类型银行贡献度

面板 A：国有大型银行	(1)	(2)	(3)	(4)
	人均企业数量		平均企业规模（取对数）	
行业就业占比	0.971*** (0.045)	0.971*** (0.045)	8.439*** (0.323)	8.427*** (0.322)
HHI × *FD*	0.336* (0.175)		-1.621 (1.663)	
CR5 × *FD*		0.263*** (0.072)		-1.382** (0.670)
FD × 国有大型银行贡献度	0.344*** (0.076)	0.778*** (0.156)	-2.087*** (0.442)	-4.262*** (0.890)
HHI × *FD* × 国有大型银行贡献度	-1.327*** (0.325)		7.683*** (2.175)	
CR5 × *FD* × 国有大型银行贡献度		-0.797*** (0.164)		4.273*** (1.017)
固定效应	行业—年度 城市—年度			
N	38 783	38 783	38 796	38 796
R^2	0.719	0.719	0.483	0.482
面板 B：股份制银行	(1)	(2)	(3)	(4)
	人均企业数量		平均企业规模（取对数）	
行业就业占比	0.972*** (0.045)	0.972*** (0.045)	8.413*** (0.324)	8.401*** (0.324)
HHI × *FD*	-0.128 (0.084)		1.519* (0.770)	
CR5 × *FD*		-0.048* (0.029)		0.364 (0.312)

续表

面板 B：股份制银行	(1)	(2)	(3)	(4)
	人均企业数量		平均企业规模（取对数）	
FD×股份制银行贡献度	12.620*** (2.772)	19.490*** (4.956)	-40.518*** (13.224)	-72.367*** (26.868)
HHI×*FD*×股份制银行贡献度	-49.867*** (12.160)		149.344* (80.775)	
CR5×*FD*×股份制银行贡献度		-18.348*** (5.361)		68.502** (33.780)
固定效应	行业—年度			
	城市—年度			
N	38 783	38 783	38 796	38 796
R^2	0.721	0.721	0.482	0.482

面板 C：城商行	(1)	(2)	(3)	(4)
	人均企业数量		平均企业规模（取对数）	
行业就业占比	0.978*** (0.045)	0.980*** (0.046)	8.391*** (0.325)	8.377*** (0.324)
HHI×*FD*	-0.252** (0.098)		2.381*** (0.831)	
CR5×*FD*		-0.080** (0.037)		0.624* (0.355)
FD×城商行市场份额	0.511** (0.245)	0.949** (0.436)	0.400 (1.573)	-0.976 (2.909)
HHI×*FD*×城商行贡献度	-2.682** (1.212)		-4.593 (8.542)	
CR5×*FD*×城商行贡献度		-1.033** (0.480)		0.516 (3.385)
固定效应	行业—年度			
	城市—年度			
N	38 783	38 783	38 796	38 796
R^2	0.717	0.717	0.481	0.481

注：括号内为根据 Petersen（2009）的方法，同时聚类在城市—年度和行业—年度两个层面的稳健标准误。***，**，*分别表示在1%，5%，10%的显著性水平上显著。

6.3.2 区域银行竞争的内生性问题

银行业区域竞争可能是内生选择的结果。例如，A 市突然引进了某资本密集型企业，当地融资需求大增，银行为了把握这个投资机会，随即进入 A 市设立分支机构，为该企业提供信贷支持。在此情况下，银行业区域竞争的改变可能受到某些不可观测的、非随机因素的影响。为了消除回归结果受到这种遗漏变量干扰的可能性，我们采用本省除该市以外其他城市平均的银行竞争度指标作为工具变量，改善因果识别；此外，参考文献中采用外生放松管制的准自然实验展开因果识别（Bertrand et al.，2007；Rice & Strahan，2010），本章采用 2007 年中国银监会放松对股份制商业银行开立分支机构的限制作为外生政策冲击展开因果识别。

（1）工具变量法

借鉴 Chong 等（2013）中工具变量的思路，本章采用省内除 A 市以外其他城市的平均银行竞争度指标作为 A 市银行竞争度的工具变量。一方面，由于各大银行省分行协调本省的经营战略和竞争策略，同时省级银行监管机构负责本省监管政策，因此省内其他城市的银行竞争度与 A 市的银行竞争度相关，满足相关性条件。另一方面，各个城市是分割的信贷市场，本地制造业企业倾向于向本地银行申请信贷，因此，省内其他城市的银行竞争度与 A 市的企业融资需求和信贷支持无关，满足外生性条件。

表 6.6 展示工具变量法的回归结果①。面板 A 第（1）列显示第二阶段回归中 *HHI* 在 5% 水平上显著为负，并且工具变量的估计系数的绝对值大于主回归中 OLS 的估计系数，表明内生性问题确实可能低估 OLS 估计系数，但二者相差不大且相对大小关系保持不变。第（2）列展示了第一阶段的回归结果，其中本省其他城市平均 *HHI* 的改变与本地 *HHI* 的改变高度正相关。同时，F 值显著大于 10，并且弱工具变量检验的 F 值（Cragg – Donald F – Statistic）也在 1% 的水平上显著，说明本省其他城市的平均 *HHI* 是本地 *HHI* 的较强的工具变量。类似地，第（3）列和第（4）列采用本省其他城市的平均 *CR5* 作为本地 *CR5* 的工具变量也发现类似结果。面板 B 中，我们采用同样的工具变量法，但被解释变量是平均企业规模，发现类似但略弱的结果。

---

① 由于 4 个直辖市区域内经济高度融合，可以被视为统一的市场，等同于市场分割的地级市。因此，直辖市无法找到类似的工具变量，导致工具变量法下回归的样本略小于主回归样本。

表 6.6　工具变量法：单个工具变量

面板 A	人均企业数量			
	(1)	(2)	(3)	(4)
	第二阶段 IV	第一阶段	第二阶段 IV	第一阶段
行业就业占比	0.967*** (0.045)	-0.014*** (0.003)	0.969*** (0.045)	-0.023*** (0.006)
mean HHI×FD		0.471*** (0.052)		
mean CR5×FD				0.742*** (0.069)
HHI×FD	-0.489** (0.223)			
CR5×FD			-0.181** (0.080)	
固定效应	行业—年度			
	城市—年度			
N	38 333	38 333	38 333	38 333
R^2	0.714	0.977	0.714	0.987
First stage F - Statistic		230.82***		229.40***
Cragg - Donald F - Statistic		10 170.08***		12 877.87***

面板 B	平均企业规模（取对数）			
	(1)	(2)	(3)	(4)
	第二阶段 IV	第一阶段	第二阶段 IV	第一阶段
行业就业占比	8.423*** (0.331)	-0.014*** (0.003)	8.414*** (0.328)	-0.023*** (0.006)
mean HHI×FD		0.469*** (0.052)		
mean CR5×FD				0.742*** (0.069)
HHI×FD	2.625 (1.631)			
CR5×FD			1.086* (0.589)	

续表

面板 B	平均企业规模（取对数）			
	(1)	(2)	(3)	(4)
	第二阶段 IV	第一阶段	第二阶段 IV	第一阶段
固定效应	行业—年度			
	城市—年度			
N	38 346	38 346	38 346	38 346
R^2	0. 481	0. 977	0. 480	0. 987
First stage F - Statistic		333. 53 ***		330. 93 ***
Cragg - Donald F - Statistic		10 190. 08 ***		12 898. 96 ***

注：工具变量是省内其他城市平均的 mean *HHI* 或 mean *CR5*。括号内为根据 Petersen（2009）的方法，同时聚类在城市—年度和行业—年度两个层面的稳健标准误。***，**，* 分别表示在 1%，5%，10% 的显著性水平上显著。

为了进一步检验工具变量的有效性，本章在表 6. 7 中同时采用本省其他城市的平均 *HHI* 和 *CR5* 作为工具变量，并进行过度识别检验。回归结果与表 6. 6 类似，同时全部通过 Hansen J 检验。

表 6. 7 工具变量法：多个工具变量

面板 A	人均企业数量			
	(1)	(2)	(3)	(4)
	第二阶段 IV	第一阶段	第二阶段 IV	第一阶段
行业就业占比	0. 967 *** (0. 045)	-0. 013 *** (0. 003)	0. 969 *** (0. 045)	-0. 023 *** (0. 006)
mean HHI × *FD*		0. 201 *** (0. 068)		0. 128 (0. 151)
mean CR5 × *FD*		0. 187 *** (0. 042)		0. 682 *** (0. 112)
HHI × *FD*	-0. 483 ** (0. 210)			
CR5 × *FD*			-0. 184 ** (0. 081)	
固定效应	行业—年度			
	城市—年度			

续表

面板 A	人均企业数量			
	(1)	(2)	(3)	(4)
	第二阶段 IV	第一阶段	第二阶段 IV	第一阶段
N	38 333	38 333	38 333	38 333
R^2	0.714	0.978	0.714	0.987
First stage F – Statistic		230.32 ***		229.47 ***
Cragg – Donald F – Statistic		6 146.86 ***		6 465.69 ***
Hansen J test		0.92		0.53

面板 B	平均企业规模（取对数）			
	(1)	(2)	(3)	(4)
	第二阶段 IV	第一阶段	第二阶段 IV	第一阶段
行业就业占比	8.426 *** (0.329)	-0.013 *** (0.003)	8.414 *** (0.328)	-0.023 *** (0.006)
mean HHI × FD		0.202 *** (0.067)		0.128 (0.148)
mean CR5 × FD		0.187 *** (0.041)		0.682 *** (0.111)
HHI × FD	2.779 * (1.509)			
CR5 × FD			1.088 * (0.589)	
固定效应	行业—年度			
	城市—年度			
N	38 346	38 346	38 346	38 346
R^2	0.481	0.978	0.480	0.987
First stage F – Statistic		332.03 ***		330.98 ***
Cragg – Donald F – Statistic		6 172.51 ***		6 477.03 ***
Hansen J test		0.79		0.94

注：工具变量包括省内其他城市平均的 mean *HHI* 和 mean *CR5*。括号内为根据 Petersen（2009）的方法，同时聚类在城市—年度和行业—年度两个层面的稳健标准误。***，**，* 分别表示在 1%，5%，10% 的显著性水平上显著。

工具变量法可以减轻对于内生性问题的担忧，进一步证实主回归的结果。但如果省内各城市同时受到一个共同的需求冲击，例如省内实施连接多地的基础设施投资项目，那么就会存在外溢效应。假如这一冲击不能完全被城市一年份固定效应所吸收，又同时影响省内各城市的银行竞争度，那么工具变量法的有效性会被削弱。下面将采用外生政策冲击的准自然实验来提升因果识别。

（2）三重差分模型

2007 年 4 月，银监会发布《通知》，对已经在地级市设立分行的股份制商业银行和城市商业银行放开准入，允许部分股份制商业银行和城市商业银行在县域设立分支机构。具体来说，《通知》规定股份制商业银行在拟设地所在地级或地级以上城市设有分行的，可申请在所辖县域设立支行；同时，城市商业银行在所在地城市及已设立异地分行的城市设立县域分支机构的，适用本通知。本质上，县域市场面对已在地级市设立分行的股份制商业银行和城商行放开，可能导致这类地级市范围内银行竞争的加剧。2007 年银监会《通知》是继 2003 年 5 月发布《关于调整银行市场准入管理方式和程序的决定》之后，公开发布的第一份专门针对分支机构市场准入规制放松的文件。

故采用 2007 年银监会《通知》作为政策性冲击，设定三重差分模型如下：

$$Y_{jst} = \alpha \cdot Employment\ share_{jst} + \delta \cdot Market\ trends_{st} + \gamma \cdot Industry\ trends_{jt} + \mu \cdot Market_s \cdot Industry_j + \beta \cdot After \cdot Treated \cdot FD_j + \varepsilon_{jst} \quad (6.12)$$

双重（三重）差分模型是政策评估的常用方法。首先，将所有地级市分为试验组和对照组。在政策实施前的 2006 年末，如果某个地级市已经开立股份制商业银行或者城市商业银行的分行，则该地级市 *Treated* 取值为 1，作为试验组。尚未开立股份制商业银行或者城市商业银行分行的该地级市 *Treated* 取值为 0，作为对照组。*Treated* 表示第一重差分变量。*After* 表示时间变量，将时间窗口限定为 2006—2008 年，如果年份在 2007 年政策实施之后（即 2008 年），*After* 取值为 1，如果年份 2007 年政策实施之前（即 2006 年），*After* 取值为 0，故 *After* 表示第二重差分变量。FD_j 表示第三重差分变量。以上三者乘积 $After \times Treated \times FD$ 测度区域银行竞争的外生改变对当地产业结构的影响，本章关心的是三重交互项的系数 β。此外，我们还加入 $Market_s \times Industry_j$ 表示地级市和行业的固定效应，吸收同一城市和行业面临的冲击。

表 6.8 报告了区域银行业竞争影响产业结构的三重差分模型的回归结果。

第（1）列和第（2）列的被解释变量分别为行业人均企业数量和平均企业规模。为了最大限度地控制行业、城市和年度所产生的遗漏变量和逆向因果关系问题，采用了行业—年度、城市—年度和行业—年度三个维度的固定效应，这三个维度的固定效应吸收了变量 *After*、*Treated* 和 *FD* 单独产生的效应。第（1）列显示三重交互项的估计系数为正，并在1%的水平上显著，表明当放松进入限制、区域银行竞争加剧时，行业内人均企业数量也随之增加。第（2）列三重交互项在5%水平上显著，显示随着2007年的放松管制带来的竞争加剧，外部融资依赖度更高的行业的平均企业规模下降得更明显。总结起来，基于政策性冲击三重差分法的结果与主回归结果保持一致，表明当银行业降低管制，地级市区域内银行分支机构增多、区域银行竞争度增加时，企业数量增多，平均规模下降。

表6.8 2007年放松管制冲击

变量	(1)	(2)
	人均企业数量	平均企业规模（取对数）
行业就业占比	0.478***	10.700***
	(0.041)	(0.634)
After × *Treated* × *FD*	0.021***	-0.134**
	(0.005)	(0.062)
固定效应	行业—年度	
	城市—年度	
	行业—城市	
N	14 546	14 546
R^2	0.984	0.930

注：括号内为根据 Petersen（2009）的方法，同时聚类在城市—年度和行业—年度两个层面的稳健标准误。***，**，*分别表示在1%，5%，10%的显著性水平上显著。

6.4 银行竞争与产业结构的结论与政策启示

本章利用不同行业外生的外部融资依赖度差异，研究了银行业区域竞争对于当地产业结构的影响。结果显示，银行业的区域竞争显著地增加外部融资依赖度更高行业的人均企业数量，降低其平均企业规模；银行业的区域竞争导致小企业数量的增加和平均企业规模的下降；银行业的区域竞争对于私营企业的影响更大；银行业区域竞争对产业结构影响更多地受到股份制银行扩张的影响。本章利用省内其他城市平均的银行业竞争度作为本地银行业竞争度的工具变量，此外也利用 2007 年银监会放松股份制商业银行和城市商业银行进入县域市场的限制作为政策冲击，证实外生冲击所强化的银行区域竞争导致产业结构更具竞争性。工具变量法和准自然实验缓解了内生性问题，改善了因果关系识别。

本章的研究结论对于企业、金融机构和政策制定者都有一定的启示：首先，提升区域内银行业竞争程度，有助于增加企业数量，降低企业规模，而这一效应取决于行业的外部融资依赖度，有助于理解银行市场结构与产业结构的关系。其次，区域银行竞争有助于中小企业的发展。因此，更加放松的银行业竞争政策有助于解决中小企业融资难问题。最后，私营企业是区域银行竞争提升的重要受益者。银行竞争的增强，有助于帮助非公有制经济的发展。

参考文献

［1］北京大学互联网金融研究中心课题组．商业银行互联网战略转型研究［EB/OL］．2016.

［2］边文龙，沈艳，沈明高．银行业竞争度、政策激励与中小企业贷款——来自14省90县金融机构的证据［J］．金融研究，2017（1）：114－129.

［3］蔡竞，董艳．银行业竞争与企业创新——来自中国工业企业的经验证据［J］．金融研究，2010（11）．

［4］蔡宁伟．中国商业银行Atm业务兴衰的实证研究（2007—2017）——基于新常态、现金流通、银行业务与第三方支付兴起的多维分析［J］．上海立信会计金融学院学报，2019（2）：37－55.

［5］蔡卫星．分支机构市场准入放松、跨区域经营与银行绩效［J］．金融研究，2016（6）．

［6］蔡跃洲，郭梅军．我国上市商业银行全要素生产率的实证分析［J］．经济研究，2009（9）．

［7］曹凤岐．互联网金融对传统金融的挑战［J］．金融论坛，2015（1）：3－6，65.

［8］陈耿，刘星，辛清泉．信贷歧视、金融发展与民营企业银行借款期限结构［J］．会计研究，2015（4）：40－46.

［9］程林，王法辉，修春亮．城市银行网点及其与人口—经济活动关系的空间分析——以长春市中心城区为例［J］．人文地理，2015（4）：72－78.

［10］戴东红．互联网金融对小微企业融资支持的理论与实践——基于小微企业融资视角的分析［J］．理论与改革，2014（4）：91－96.

［11］单豪杰．中国资本存量K的再估算：1952—2006年［J］．数量经济技术经济研究，2008（10）．

［12］邓向荣，张嘉明．货币政策、银行风险承担与银行流动性创造［J］．世界经济，2018（4）：28－52.

［13］丁杰．互联网金融与普惠金融的理论及现实悖论［J］．财经科学，

2015（6）：1－10.

［14］董艳，谭苏航，董梦瑶，等．数字信贷对传统商业银行的影响［J］．数量经济技术经济研究，2023，40（2）：69－89.

［15］方芳，蔡卫星．银行业竞争与企业成长：来自工业企业的经验证据［J］．管理世界，2016，（7）．

［16］龚强，张一林，林毅夫．产业结构、风险特性与最优金融结构［J］．经济研究，2014，（4）．

［17］郭峰，王靖一，王芳，等．测度中国数字普惠金融发展：指数编制与空间特征［J］．经济学（季刊），2020（4）：1401－1418.

［18］郭健，刘金东，初虹，等．信贷资金配置的所有制差异——基于抵押品市场价值视角的检验［J］．财贸经济，2023，44（4）：57－72.

［19］郭品，沈悦．互联网金融、存款竞争与银行风险承担［J］．金融研究，2019（8）：58－76.

［20］贺灿飞，刘浩．银行业改革与国有商业银行网点空间布局——以中国工商银行和中国银行为例［J］．地理研究，2013（1）：111－122.

［21］黄益平，邱晗．大科技信贷：一个新的信用风险管理框架［J］．管理世界，2021，37（2）：12－21.

［22］黄益平，黄卓．中国的数字金融发展：现在与未来［J］．经济学（季刊），2018（4）：1489－1502.

［23］黄益平．数字普惠金融的机会与风险［J］．金融发展评论，2017（8）：14－19.

［24］纪志宏，周黎安，王鹏，等．地方官员晋升激励与银行信贷：来自中国城市商业银行的经验证据［J］．金融研究，2014（1）．

［25］贾春新，夏武勇．银行分支机构、国有银行竞争与经济增长［J］．管理世界，2008（2）．

［26］贾俊生，伦晓波，林树．金融发展、微观企业创新产出与经济增长——基于上市公司专利视角的实证分析［J］．金融研究，2017（1）．

［27］姜付秀，蔡文婧，蔡欣妮，等．银行竞争的微观效应：来自融资约束的经验证据［J］．经济研究，2019，54（6）：72－88.

［28］李波，朱太辉．银行价格竞争、融资约束与企业研发投资——基于“中介效应”模型的实证研究［J］．金融研究，2020（7）：134－152.

［29］李连发，辛晓岱．外部融资依赖、金融发展与经济增长：来自非上市企业的证据［J］．金融研究，2009（2）．

［30］李逸飞，李茂林，李静．银行金融科技、信贷配置与企业短债长用［J］．中国工业经济，2022（10）：137－154.

［31］李志赟．银行结构与中小企业融资［J］．经济研究，2002（6）：38－45.

［32］李智山，黄光庆，陈凤桂，等．中国全国性股份制商业银行地理分布特征研究［J］．经济地理，2014（2）：19－27.

［33］林毅夫，姜烨．发展战略、经济结构与银行业结构：来自中国的经验［J］．管理世界，2006（1）：29－40.

［34］林毅夫，李永军．必要的修正——对外贸易与经济增长关系的再考察［J］．国际贸易，2001（9）：22－26.

［35］林毅夫，孙希芳．银行业结构与经济增长［J］．经济研究，2008，43（9）：31－45.

［36］林毅夫，章奇，刘明兴．金融结构与经济增长：以制造业为例［J］．世界经济，2003（1）：3－21.

［37］林毅夫，姜烨．经济结构、银行业结构与经济发展［J］．金融研究，2006（1）．

［38］林毅夫，孙希芳，姜烨．经济发展中的最优金融结构理论初探［J］．经济研究，2009（8）．

［39］林毅夫，孙希芳．银行业结构与经济增长［J］．经济研究，2008（9）．

［40］刘澜飚，沈鑫，郭步超．互联网金融发展及其对传统金融模式的影响探讨［J］．经济学动态，2013（8）：73－83.

［41］刘明康．中国银行业改革开放30年［M］．北京：中国金融出版社，2008.

［42］刘伟，黄桂田．银行业的集中、竞争与绩效［J］．经济研究，2003（11）．

［43］卢峰，姚洋．金融压抑下的法治，金融发展和经济增长［J］．中国社会科学，2004（1）．

［44］马君潞，郭牧炫，李泽广．银行竞争、代理成本与借款期限结构——

来自中国上市公司的经验证据［J］．金融研究，2013（4）．

［45］马骏．互联网金融对银行传统网点的影响及转型策略研究［J］．金融监管研究，2015（12）：76－88.

［46］聂辉华，江艇，杨汝岱．中国工业企业数据库的使用现状和潜在问题［J］．世界经济，2012（5）．

［47］彭迪云，李阳．互联网金融与商业银行的共生关系及其互动发展对策研究［J］．经济问题探索，2015（3）：133－139.

［48］邱峰．互联网金融对商业银行的冲击和挑战分析［J］．吉林金融研究，2013（8）：44－50.

［49］邱峰．互联网金融践行普惠金融之本［J］．金融会计，2014（10）：42－46.

［50］邵平，秦龙，孔爱国．商业银行对产业发展的催化——来自中国的证据（1991—2006）［J］．金融研究，2012（12）．

［51］沈悦，郭品．互联网金融、技术溢出与商业银行全要素生产率［J］．金融研究，2015（3）：160－175.

［52］谭之博，赵岳．银行集中度、企业信贷与经济波动［J］．投资研究，2013（1）．

［53］王海军，王念，戴冠．“普惠”金融背景的互联网金融——理论解构与政策分析［J］．上海金融学院学报，2014（4）：32－44.

［54］王馨．互联网金融助解“长尾”小微企业融资难问题研究［J］．金融研究，2015（9）：128－139.

［55］王雪，何广文．县域银行业竞争与普惠金融服务深化——贫困县与非贫困县的分层解析［J］．中国农村经济，2019（4）：55－72.

［56］王勋，赵珍．中国金融规模、金融结构与经济增长——基于省区面板数据的实证研究［J］．财经研究，2011，37（11）：50－60.

［57］王洋，杨忍，李强，等．广州市银行业的空间布局特征与模式［J］．地理科学，2016（5）：742－750.

［58］巫岑，黎文飞，唐清泉．银企关系、银行业竞争与民营企业研发投资［J］．财贸经济，2016（1）．

［59］吴晓灵．中国金融体制改革 30 年回顾与展望［M］．北京：人民出版社，2008.

［60］吴晓求．互联网金融：成长的逻辑［J］．财贸经济，2015（2）：5－15.

［61］吴晓求．中国金融的深度变革与互联网金融［J］．财贸经济，2014（1）：14－23.

［62］谢平，邹传伟，刘海二．互联网金融的基础理论［J］．金融研究，2015（8）：1－12.

［63］谢平，邹传伟．互联网金融模式研究［J］．金融研究，2012（12）：11－22.

［64］熊德平，陆智强，李红玉．农村金融供给、主发起行跨区经营与村镇银行网点数量——基于中国865家村镇银行数据的实证分析［J］．中国农村经济，2017（4）：30－45.

［65］姚耀军．制度质量对外资银行进入的影响——基于腐败控制维度的研究［J］．金融研究，2016（3）．

［66］尹志超，钱龙，吴雨．银企关系、银行业竞争与中小企业借贷成本［J］．金融研究，2015（1）．

［67］余明桂，马林，王空．商业银行数字化转型与劳动力需求：创造还是破坏？［J］．管理世界，2022，38（10）：212－230.

［68］张海洋，胡英琦，陆利平，等．数字时代的银行业变迁——网点布局与行业结构［J］．金融研究，2022（9）：75－92.

［69］张海洋，李静婷．村庄金融环境与农户信贷约束［J］．浙江社会科学，2012（2）：11－20.

［70］张海洋，袁雁静．村庄金融环境与农户创业行为［J］．浙江社会科学，2011（7）：2－12.

［71］张健华，王鹏，冯根福．银行业结构与中国全要素生产率—基于商业银行分省数据和双向距离函数的再检验［J］．经济研究，2016（11）．

［72］张强，陶江，吴敏．中国商业银行网点布局绩效研究——基于主要商业银行的比较［J］．金融研究，2012（5）：123－135.

［73］张晓玫，潘玲．我国银行业市场结构与中小企业关系型贷款［J］．金融研究，2013（6）．

［74］张一林，林毅夫，龚强．企业规模、银行规模与最优银行业结构——基于新结构经济学的视角［J］．管理世界，2019，35（3）：31－47.

[75] 张一林，郁芸君，陈珠明．人工智能、中小企业融资与银行数字化转型［J］．中国工业经济，2021（12）：69 – 87.

[76] 赵涛，张智，梁上坤．数字经济、创业活跃度与高质量发展——来自中国城市的经验证据［J］．管理世界，2020（10）：65 – 76.

[77] 中国工商银行江苏省分行课题组．互联网时代国有控股商业银行渠道转型研究［J］．金融论坛，2015（5）：71 – 80.

[78] 周建波，曾江．银行、票号兴替与清末民初金融变革［J］．中国社会科学，2020（8）：178 – 203.

[79] Agarwal S, Hauswald R. Distance and Private Information in Lending [J]. The Review of financial studies, 2010, 23 (7): 2757 – 2788.

[80] Allen F, Qian J, Qian M. Law, Finance and Economic Growth in China [J]. Journal of Financial Economics, 2005, 77: 157 – 116.

[81] Amore M D, Schneider C, Žaldokas A. Credit supply and corporate innovation [J]. Journal of financial economics, 2013, 109 (3): 835 – 855.

[82] Ayyagari M, Demirgüç – Kunt A, Maksimovic V. Formal versus Informal Finance: Evidence from China [J]. Review of Financial Studies, 2010, 23 (8): 3048 – 3097.

[83] Bagehot W. Lombard Street: A Description of the Money Market [M]. Homewood, IL: Richard D. Irwin, 1873 (1962 Edition).

[84] Bailey W, Huang W, Yang Z. Bank Loans with Chinese Characteristics: Some Evidence on Inside Debt in a State – Controlled Banking System [J]. Journal of Financial and Quantitative Analysis, 2011, 46 (6): 1795 – 1830.

[85] Banerjee A V, Duflo E. Do firms want to borrow more? Testing credit constraints using a directed lending program [J]. Review of Economic Studies, 2014, 81 (2): 572 – 607.

[86] Beatriz M, Coffinet J, Nicolas T. Relationship lending and SMEs' funding costs over the cycle: why diversification of borrowing matters [J]. Journal of Banking & Finance, 2022, 138: 105471.

[87] Beck T, Degryse H, De Haas R, et al. When arm's length is too far: Relationship banking over the credit cycle [J]. Journal of Financial Economics, 2018, 127 (1): 174 – 196.

[88] Beck T, Demirgüç - Kunt A, Levine R. SMEs, Growth and Poverty: Cross Country Evidence [J]. Journal of Economic Growth, 2005, 10: 197 - 227.

[89] Beck T, Demirguc - Kunt A, Maksimovic V. Bank Competition and Access to Finance: International Evidence [J]. Journal of Money, Credit, and Banking, 2004, 36 (3): 627 - 648.

[90] Beck T, Demirgüç - Kunt A, Maksimovic V. Financing Patterns Around the World: Are Small Firms Different? [J]. Journal of Financial Economics, 2008, 89 (3): 467 - 487.

[91] Beck T, Demirgüç - Kunt A, Martinez Peria M. Reaching Out: Access to and Use of Banking Services across Countries [J]. Journal of Financial Economics, 2007, 85 (1): 234 - 266.

[92] Beck T, Demirgüç - Kunt A. Small and Medium - Sized Enterprises: Access to Finance as a Growth Constraint [J]. Journal of Banking and Finance, 2006, 30 (11): 2931 - 2943.

[93] Beck T, Levine R, Loayza N. Finance and the Sources of Growth [J]. Journal of financial economics, 2000, 58 (1 - 2): 261 - 300.

[94] Benfratello L, Schiantarelli F, Sembenelli A. Banks and innovation: Microeconometric evidence on Italian firms [J]. Journal of Financial Economics, 2008, 90 (2): 197 - 217.

[95] Berger A H, Iftekhar, Zhou M. The Effects of Focus versus Diversification on Bank Performance: Evidence from Chinese Banks [J]. Journal of Banking and Finance, 2010, 34 (7): 1417 - 1435.

[96] Berger A N, Hannan T H. The efficiency cost of market power in the banking industry: A test of the "Quiet life" and related hypotheses [J]. Review of Economics and Statistics, 1998, 80: 454 - 465.

[97] Berger A N, Hasan I, Zhou M. Bank ownership and efficiency in China: What will happen in the world's largest nation? [J]. Journal of Banking & Finance, 2009, 33 (1): 113 - 130.

[98] Berger A N, Udell G F. Small Business Credit Availability and Relationship Lending: The Importance of Bank Organisational Structure [J]. The Economic journal (London), 2002, 112 (477): F32 - F53.

[99] Berger A, Black L. Bank Size, Lending Technologies, and Small Business Finance [J]. Journal of Banking and Finance, 2011, 35 (3): 724-735.

[100] Berger A, Miller N, Petersen M, Rajan R, Stein J. Does Function Follow Organizational Form? Evidence from the Lending Practices of Large and Small Banks [J]. Journal of Financial Economics, 2005, 76 (2): 237-269.

[101] Berger A, Rosen R, Udell G. Does Market Size Structure Affect Competition? The Case of Small Business Lending [J]. Journal of Banking and Finance, 2007, 31 (1): 11-33.

[102] Berger A, Udell G. A More Complete Conceptual Framework for SME Finance [J]. Journal of Banking and Finance, 2006, 30 (11): 2945-2966.

[103] Bergstresser D. Banking Market Concentration and Consumer Credit Constraints: Evidence from the 1983 Survey of Consumer Finances [R]. Mimeo Harvard Business School, 2010.

[104] Bertrand M, Schoar A, Thesmar D. Banking Deregulation and Industry Structure: Evidence from the French Banking Reforms of 1985 [J]. The Journal of Finance, 2007, 62 (2): 597-628.

[105] Bikker J A, Haaf K. Competition, Concentration and Their Relationship: An empirical Analysis of the Banking Industry [J]. Journal of Banking and Finance, 2002, 26 (11): 2191-2214.

[106] Bikker J A. Competition and Efficiency in a Unified European Banking Market [M]. Edward, Elgar Publishing Limited, 2004.

[107] Black S E, Strahan P E. Entrepreneurship and bank credit availability [J]. The Journal of Finance, 2002, 57 (6): 2807-2833.

[108] Bonaccorsi di Patti E, Dell'Ariccia G. Bank Competition and Firm Creation [J]. Journal of Money, Credit, and Banking, 2004, 36 (2): 225-251.

[109] Burstein F, Cowie J, Zaslavsky A, Pedro J S. Support for Real-Time Decision Making in Mobile Financial Applications [J]. Information Systems and e-Business Management, 2008, 6 (3): 257-278.

[110] Canales R, Nanda R. A darker side to decentralized banks: Market power and credit rationing in SME lending [J]. Journal of Financial Economics, 2012, 105 (2): 353-366.

[111] Carbo - Valverde S, Rodriguez - Fernandez F, Udell G F. Bank Market Power and SME Financing Constraints [J]. Review of Finance, 2009, 13 (2): 309 - 340.

[112] Carl S, Varian H. Information Rules [M]. McGraw - Hill Professional, 1998.

[113] Cavalluzzo K S, Cavalluzzo L C, Wolken J D. Competition, Small Business Financing, and Discrimination: Evidence from a New Survey [J]. Journal of Business, 2002, 75 (4): 641 - 679.

[114] Cestone G, White L. Anti - competitive Financial Contracting: The Design of Financial Claims [J]. Journal of Finance, 2003, 58: 2109 - 2143.

[115] Cetorelli N, Gambera M. Banking Market Structure, Financial Dependence and Growth: International Evidence from Industry data [J]. Journal of Finance, 2001, 56 (2): 617 - 648.

[116] Cetorelli N, Strahan P. Finance as a Barrier to Entry: Bank Competition and Industry Structure in Local U. S. Markets [J]. Journal of Finance, 2006, 61 (1): 437 - 461.

[117] Cetorelli N. Real Effects of Bank Competition [J]. Journal of Money, Credit, and Banking, 2004, 36 (3): 543 - 558.

[118] Cheng X, Degryse H. Information Sharing and Credit Rationing: Evidence from the Introduction of A Public Credit Registry [R]. CentER Discussion Paper 2010 - 34S, 2010b.

[119] Cheng X, Degryse H. The Impact of Bank and Non - Bank Financial Institutions on Local Economic Growth in China [J]. Journal of Financial Services Research, 2010a, 37: 179 - 199.

[120] Chong T, Lu L, Ongena S. Does banking competition alleviate or worsen credit constraints faced by small - and medium - sized enterprises? Evidence from China [J]. Journal of Banking & Finance, 2013, 37 (9): 3412 - 3424.

[121] Clemons E K, Row M C. Information Technology and Industrial Cooperation: The Changing Economics of Coordination and Ownership [J]. Journal of Management Information Systems, 1992, 9 (2): 9 - 28.

[122] Cole R A. Who Needs Credit and Who Gets Credit? Evidence from the

Surveys of Small Business Finances [R]. Working Paper, 2010.

[123] Degryse H, Laeven L, Ongena S. The Impact of Organizational Structure and Lending Technology on Banking Competition [J]. Review of Finance, 2009, 13 (2): 225 -259.

[124] Degryse H, Lu L, Ongena S. Informal or Formal Financing? Evidence on the Co - funding of Chinese Firms [J]. Journal of Financial Intermediation, 2016, 10: 58 -74.

[125] Degryse H, Ongena S. The Impact of Competition on Bank Orientation [J]. Journal of Financial Intermediation, 2007, 16 (3): 399 -424.

[126] Dell' Ariccia G, Laeven L, Suarez G A. Bank Leverage and Monetary Policy's Risk - Taking Channel: Evidence from the United States [J]. The Journal of Finance, 2017, 72 (2): 613 -654.

[127] Dell' Ariccia G, Marquez R. Information and Bank Credit Allocation [J]. Journal of Finance Economics, 2004, 72: 185 -214.

[128] Dell' Ariccia G, Marquez R. Lending Booms and Lending Standards [J]. Journal of Finance, 2006, 61 (5): 2511 -2546.

[129] Demirgüç - Kunt A, Maksimovic V. Law, Finance, and Firm Growth [J]. Journal of Finance, 1998, 53 (6): 2107 -2137.

[130] Easterly W. The Ghost of Financing Gap: Testing the Growth Model Used in the International Financial Institutions [J]. Journal of Development Economics, 1999, 60 (2): 423 -438.

[131] Elsas R. Empirical Determinants of Relationship Lending [J]. Journal of Financial Intermediation, 2005, 14 (1): 32 -57.

[132] Fischer K H. Acquisition of Information in Loan Markets and Bank Market Power: An Empirical Investigation [R]. EFA Working Paper, No. 0593, 2000.

[133] Fungáčová Z, Shamshur A, Weill L. Does bank competition reduce cost of credit? Cross - country evidence from Europe [J]. Journal of Banking & Finance, 2017, 83: 104 -120.

[134] Guariglia A, Liu X, Song L. Internal Finance and Growth: Microeconometric Evidence on Chinese firms [J]. Journal of Development Economics, 2011, 96 (1): 79 -94.

[135] Guiso L, Sapienza P, Zingales L. The role of social capital in financial development [J]. American economic review, 2004, 94 (3): 526 - 556.

[136] Han L, Greene F. The Determinants of Online Loan Applications From Small Businesses [J]. Journal of small business and enterprise development, 2007, 14 (3): 478 - 486.

[137] Hauswald R, Marquez R. Competition and strategic information acquisition in credit markets [J]. The Review of Financial Studies, 2006, 19 (3): 967 - 1000.

[138] Hu S, Yue K. China's City Commercial Banks: Fishing in the Big Pond [R]. Deutsche Bank Global Market Research Report, 2007.

[139] Jayaratne J, Wolken J. How Important Are Small Banks to Small Business Lending? New Evidence from a Survey of Small Firms [J]. Journal of Banking and Finance, 1999, 23 (2 - 4): 427 - 458.

[140] King R G, Levine R. Finance and Growth: Schumpeter might be Right [J]. Quarterly Journal of Economics, 1993, 108 (3): 717 - 738.

[141] Kirschenmann K. Credit Rationing in Small Business Bank Relationships [R]. Mimeo, University of Mannheim, 2010.

[142] Kumar A, Francisco M. Enterprise Size, Financing Patterns, and Credit Constraints in Brazil: Analysis of Data from the Investment Climate Assessment Survey [R]. World Bank Working Paper 49, 2005.

[143] Lapavitsas C, Dos Santos P L. Globalization and Contemporary Banking: On the Impact of New Technology [J]. Contributions to political economy, 2008, 27 (1): 31 - 56.

[144] Lee C, Hsieh M, Yang S. The Effects of Foreign Ownership on Competition in the Banking Industry: The Key Role of Financial Reforms [J]. Japan and the World Economy, 2016, 37 - 38: 27 - 46.

[145] Lee M. Predicting and Explaining the Adoption of Online Trading: An Empirical Study in Taiwan [J]. Decision Support Systems, 2009, 47 (2): 133 - 142.

[146] Levine R, Zervos S. Stock Markets, Banks, and Economic Growth [J]. American Economic Review, 1998, 88 (3): 537 - 558.

[147] Levine R. Financial Development and Economic Growth: Views and Agenda [J]. Journal of Economic Literature, 1997, 35: 688 - 726.

[148] Li H, Meng L, Zhang J. Why Do Entrepreneurs Enter Politics? Evidence from China [J]. Economic Inquiry, 2006, 44 (3): 559 - 578.

[149] Lin C, Ma C, Sun Y, et al. The telegraph and modern banking development, 1881 - 1936 [J]. Journal of Financial Economics, 2021, 141 (2): 730 - 749.

[150] Lin J Y, Sun X, Wu H. Banking Structure and Industrial Growth: Evidence from China [J]. Journal of Banking & Finance, 2015, 58: 131 - 143.

[151] Love I, Pieria M S M. How Bank Competition Affects Firms' Access to Finance [J]. World Bank Economic Review, 2015, 29 (3): 413 - 448.

[152] Manova K, Wei S J, Zhang Z. Firm Exports and Multinational Activity under Credit Constraints [R]. NBER Working Paper 16905, 2009.

[153] Marcus A J. Deregulation and Bank Financial Policy [J]. Journal of Banking & Finance, 1984, 8 (4): 557 - 565.

[154] Marquez R. Competition, adverse selection, and information dispersion in the banking industry [J]. The Review of Financial Studies, 2002, 15 (3): 901 - 926.

[155] Mayer C. New Issues in Corporate Finance [J]. European Economic Review, 1988, Vol. 32 (5): 1167 - 1183.

[156] Mookerjee R, Kalipioni P. Availability of Financial Services and Income Inequality: The Evidence From Many Countries [J]. Emerging Markets Review, 2010, 11 (4): 404 - 408.

[157] Nunn N, Qian N. US Food Aid and Civil Conflict [J]. American Economic Review, 2014, 104 (6): 1630 - 1666.

[158] Petersen M A. Estimating Standard Errors in Finance Panel Data Sets: Comparing Approaches [J]. Review of Financial Studies, 2009, 22: 435 - 480.

[159] Petersen M, Rajan R. Does Distance Still Matter? The Information Revolution in Small Business Lending [J]. Journal of Finance, 2002, 57 (6): 2533 - 2570.

[160] Petersen M, Rajan R. The Effect of Credit Market Competition on Lending Relationships [J]. Quarterly Journal of Economics, 1995, 110 (2): 407 - 443.

[161] Popov A, Udell G F. Cross - border banking, credit access, and the financial crisis [J]. Journal of international economics, 2012, 87 (1): 147 - 161.

[162] Presbitero A F, Zazzaro A. Competition and Relationship Lending:

Friends or Foes? [J]. Journal of Financial Intermediation, 2011, 20 (3): 387 -413.

[163] Radecki L J, Wenninger J, Orlow D K. Industry Structure: Electronic Delivery's Potential Effects On Retail Banking [J]. Journal of retail banking services: JRBS, 1997, 19 (4): 57.

[164] Rajan R G, Zingales L. Power in a Theory of the Firm [J]. The Quarterly Journal of Economics, 1998, 113 (2): 387 -432.

[165] Rajan R, Zingales L. Financial Dependence and Growth [J]. American Economic Review, 1998, 88 (3): 559 -558.

[166] Rice T, Strahan P E. Does Credit Competition Affect Small - Firm Finance? [J]. Journal of Finance, 2010, 65 (3): 861 -889.

[167] Scott J, Dunkelberg W. Competition for Small Firm Banking Business: Bank Actions versus Market Structure [J]. Journal of Banking and Finance, 2010, 34 (11): 2788 -2800.

[168] Shen Y, Shen M, Xu Z, Bai Y. Bank Size and Small - and Medium - Sized Enterprise (SME) Lending: Evidence from China [J]. World Development, 2009, 37 (4): 800 -811.

[169] Winker P. Causes and Effects of Financing Constraints at the Firm Level [J]. Small Business Economics, 1999, 12 (2): 169 -181.

[170] Zarutskie R. Evidence on the effects of bank competition on firm borrowing and investment [J]. Journal of Financial Economics, 2006, 81 (3): 503 -537.

[171] Zhang X, Song Z, Zhong Z. Does "small bank advantage" really exist? Evidence from China [J]. International Review of Economics & Finance, 2016, 42: 368 -384.